REGALO SORPRESA

¿Sabes que cuando termines el libro además de haber Ayudado al Planeta tendrás un Regalo Sorpresa?

Descubre la clave secreta:

A: Resultado 1.4   **B**: Resultado 4.4   **C**: Resultado 10.2
D: Resultado 15.3   **E**: Resultado 18.4   **F**: Resultado 22.4

Cuando hayas descubierto la clave, apúntala y escanea el siguiente **Código QR**.

AF479945

© Dr. Felipe García Gaitero

Diseño y Textos:
Dr. Felipe García Gaitero

Revisión:
Murdock Wallace

www.sumandoalplaneta.com

No está permitida la reproducción total o parcial de este cuaderno, ni su tratamiento informático, ni la transmisión de ninguna forma o por ningún medio, ya sea electrónico, mecánico, por fotocopia u otros medios, sin el permiso previo y por escrito del titular del Copyright.

Reservados todos los derechos.

MATEMÁTICAS 

Aprendemos sobre...

Aprendemos sobre...

1

Coche Eléctrico

Un coche eléctrico es un coche que no necesita gasolina porque usa energía de baterías, igual que algunos juguetes. Al no usar gasolina, ayuda a mantener el aire más limpio y es bueno para nuestro planeta.

1. Compra de coches eléctricos:

- En el vecindario de Marta, 2 familias compraron coches eléctricos el año pasado. Este año, 3 familias más decidieron comprarlos. ¿Cuántas familias en total tienen ahora coches eléctricos?

- Una concesionaria tenía 6 coches eléctricos en stock al inicio del día. Al final del día, habían vendido 4. ¿Cuántos coches eléctricos quedan en stock?

2. Estaciones de carga:

- En la ciudad, se instalaron 4 estaciones de carga para coches eléctricos en enero. En febrero, se instalaron 3 estaciones más. ¿Cuántas estaciones de carga hay en total?

- La ciudad planea tener 9 estaciones de carga al finalizar el año. Si ya han instalado 7, ¿cuántas estaciones de carga faltan por instalar?

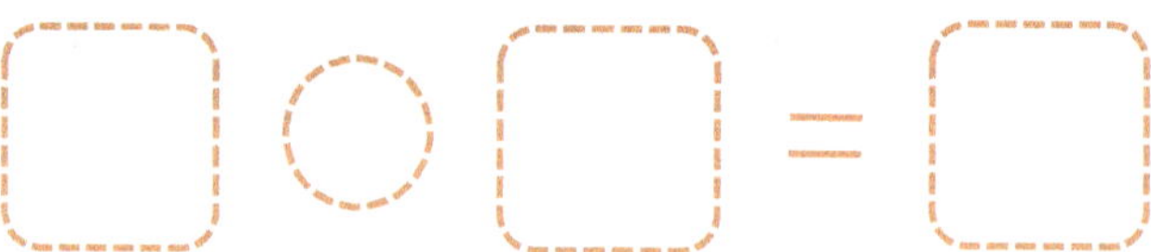

3. Viajes y distancias:

- Carlos condujo su coche eléctrico 3 km para ir al supermercado y luego 4 km para visitar a su abuela. ¿Cuántos kilómetros condujo en total?

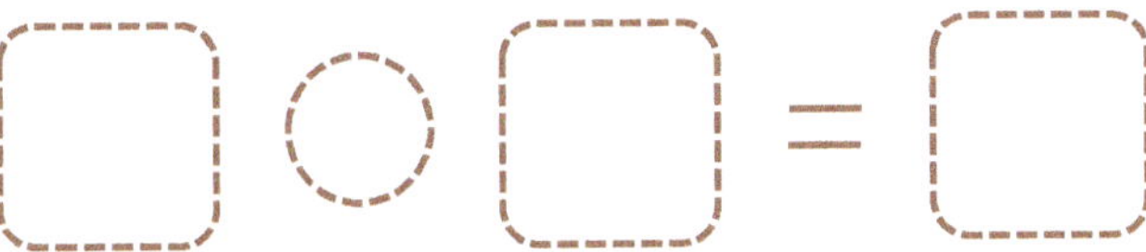

- Sofía realizó un viaje de 4 km en su coche eléctrico. Después, regresó a casa recorriendo la misma distancia. ¿Cuántos kilómetros recorrió en total?

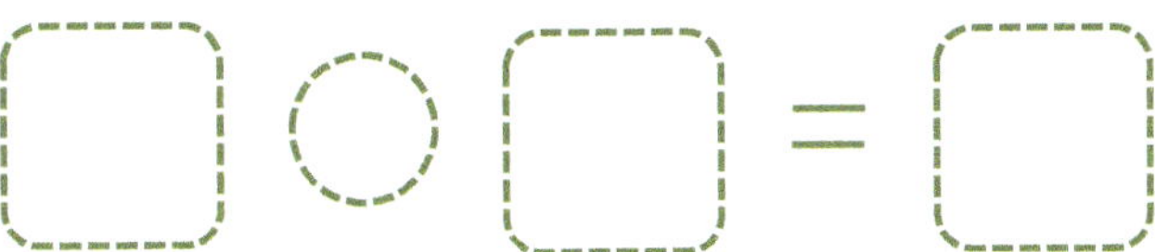

4. Beneficios ecológicos y económicos:

- Un año se registraron 5 toneladas de emisiones de CO_2 Al siguiente, con la introducción de coches eléctricos las emisiones fueron 3 toneladas. ¿Cuántas toneladas se emitieron en total?

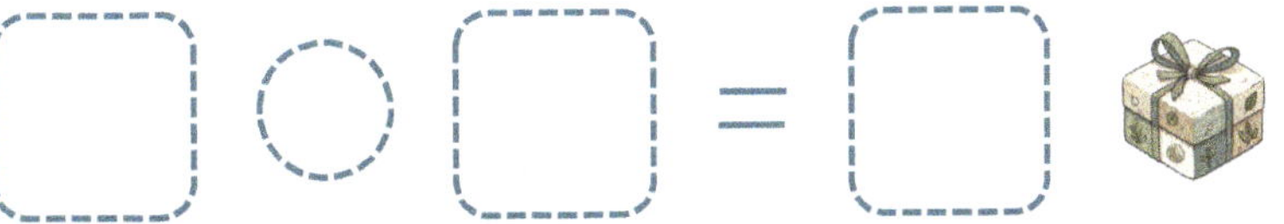

- La familia Sánchez solía gastar 9 euros a la semana en gasolina. Con su nuevo coche eléctrico, ahora gastan solo 3 euros a la semana en electricidad. ¿Cuánto dinero ahorran por semana?

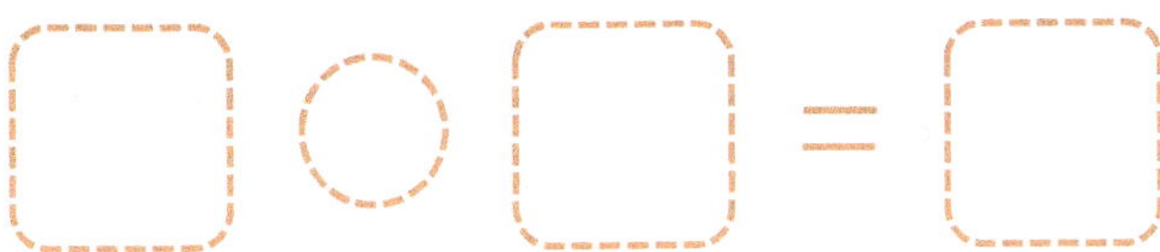

2

Compost

El compost es como una receta mágica donde mezclamos restos de comida y hojas, y con el tiempo se convierten en tierra especial para abonar a las plantas y que crezcan sanas y fuertes.

MATEMÁTICAS 

1. Hojas en la compostera:

- Había 7 hojas en la compostera. Después de que el viento se llevara 2, ¿cuántas hojas quedaron?

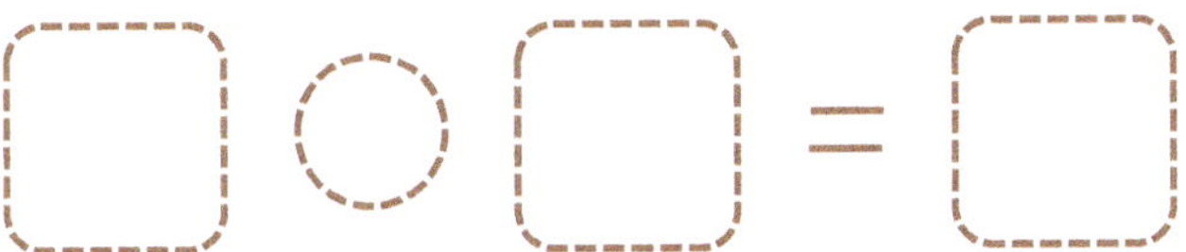

- Carmen recolectó 4 hojas secas y las puso en su compostera. Más tarde, añadió 3 hojas más. ¿Cuántas hojas puso Carmen en total en la compostera?

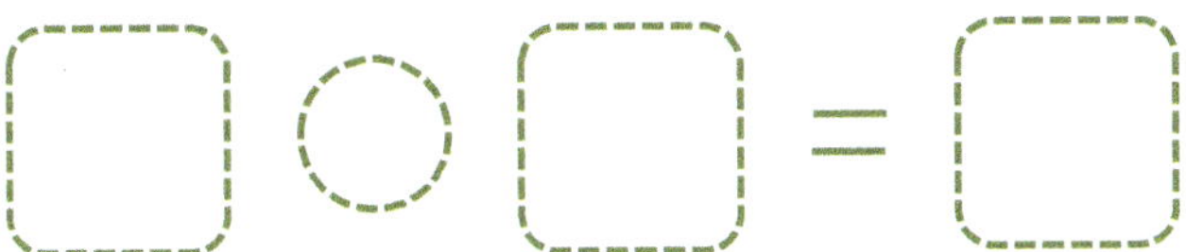

2. Frutas en el compost:

- En la compostera de la escuela, los niños depositaron 5 restos de manzanas y luego añadieron 2 restos de plátanos. ¿Cuántos restos de frutas se añadieron en total?

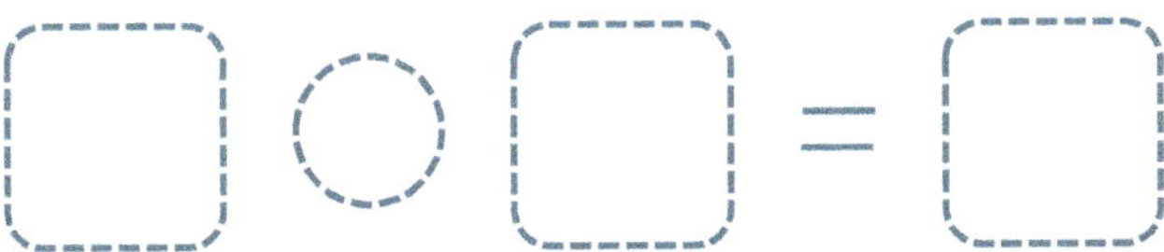

- La abuela tenía 8 restos de naranjas en su compost. Usó 3 para alimentar a sus gallinas. ¿Cuántos restos le quedaron?

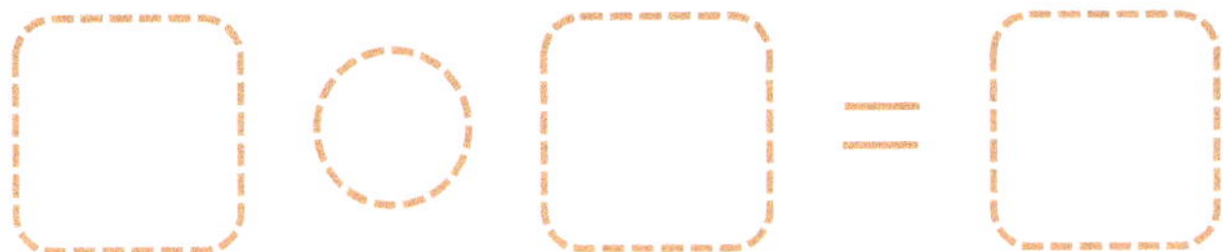

3. Verduras para compostar:

- Martín puso 3 restos de zanahorias en la compostera y su hermano añadió 2 restos de tomate. ¿Cuántos restos de verduras pusieron entre los dos en la compostera?

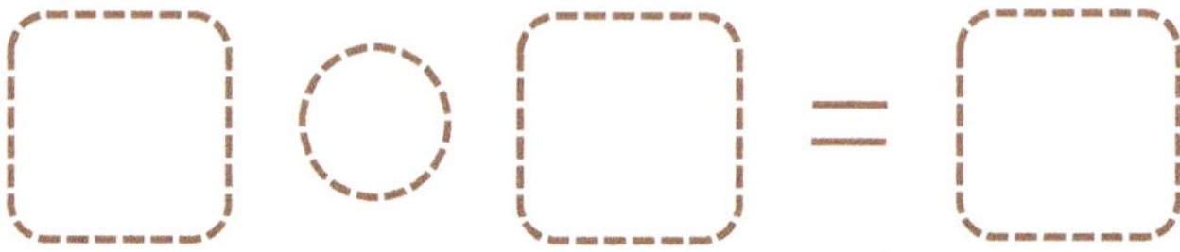

- La primera semana había 3 lombrices en la compostera. La siguiente nacieron 4 más. ¿Cuántas lombrices viven en la compostera?

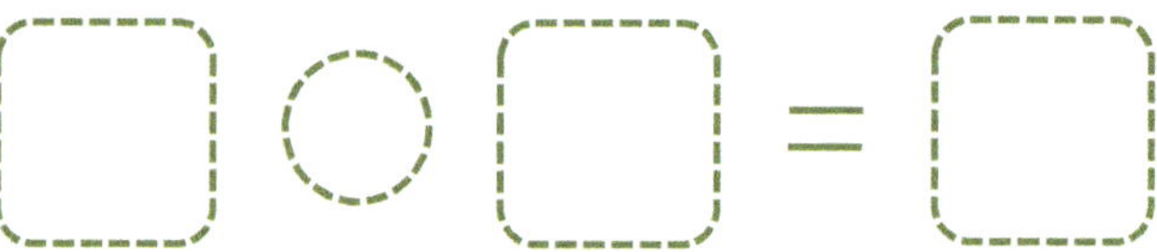

4. Materiales en la compostera:

- La familia recolectó 9 restos de hortalizas para el compost. Sin embargo, 2 se usaron para dar de comer a los conejos. ¿Cuántos restos quedaron para el compost?

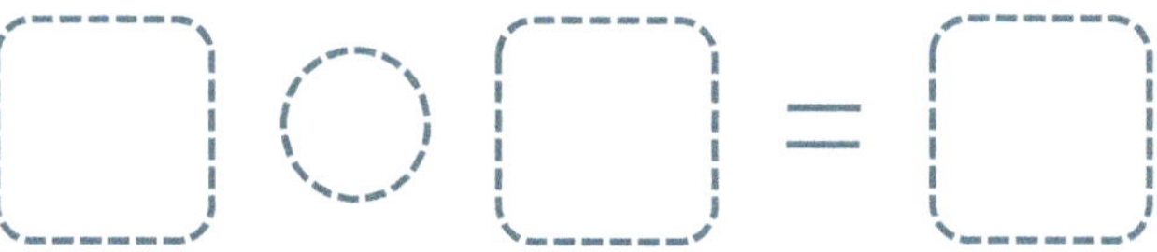

- En la compostera grande del parque, se depositaron 5 restos de café y después 3 cáscaras de naranja. ¿Cuántos ítems se depositaron en total?

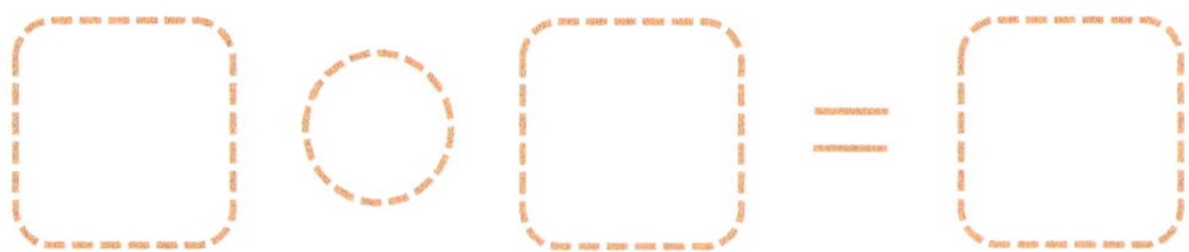

Aerogenerador

Cuento
Podcast

Un aerogenerador es un molino grande que usa el viento para hacer energía. Cuando sus aspas giran, pueden encender luces y aparatos en nuestras casas de una manera amigable con el planeta.

1. Aerogeneradores en el parque eólico:

- En el parque eólico del pueblo, había 4 aerogeneradores funcionando. La semana siguiente, instalaron 3 más. ¿Cuántos aerogeneradores hay ahora en total?

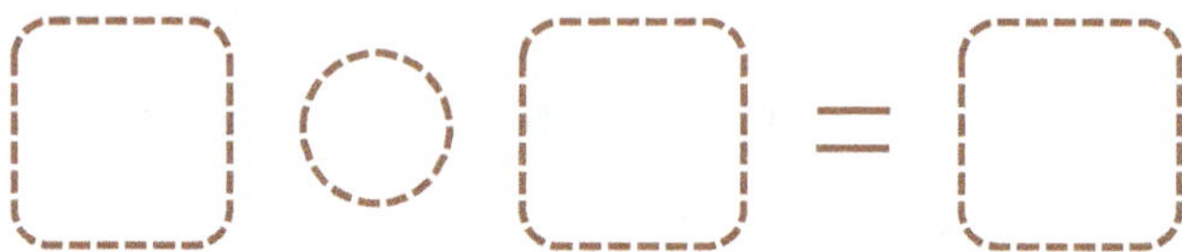

- Debido a mantenimientos, de los 7 aerogeneradores que había en el parque, 2 se detuvieron. ¿Cuántos aerogeneradores siguieron funcionando?

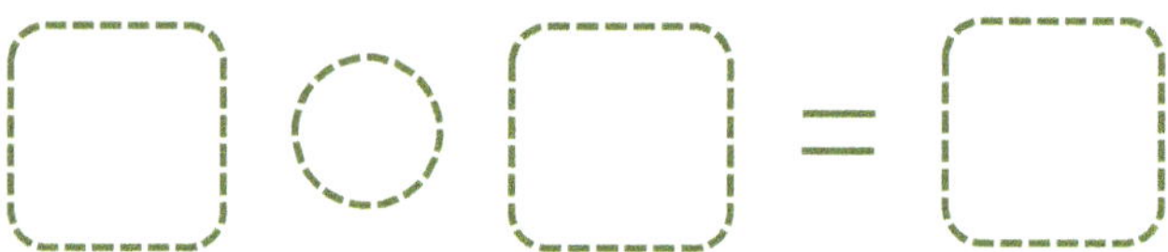

2. Producción de energía:

- El aerogenerador A produjo 6 kilovatios de energía y el aerogenerador B produjo 2 kilovatios. ¿Cuántos kilovatios de energía produjeron entre los dos?

- El aerogenerador del colegio produjo 9 kilovatios de energía, pero 3 se perdieron debido a fallos técnicos. ¿Cuántos kilovatios se generaron finalmente?

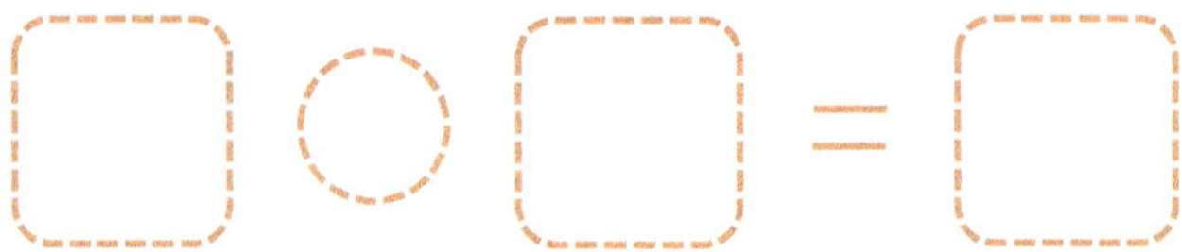

3. Piezas de aerogeneradores:

- El equipo de mantenimiento tenía 5 piezas de repuesto para aerogeneradores y recibieron 3 más. ¿Cuántas piezas tienen ahora?

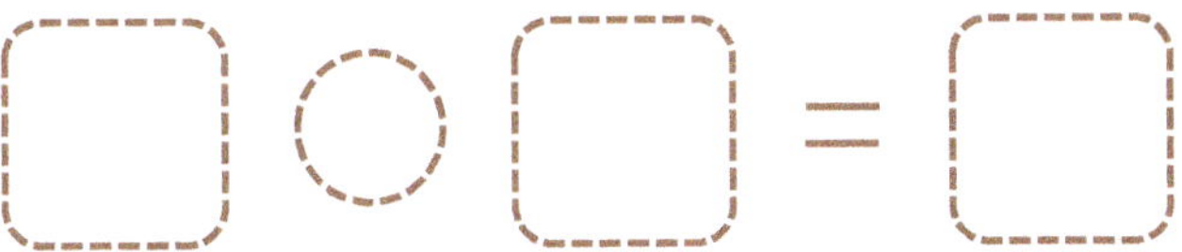

- De las 8 piezas que tenía el equipo, usaron 4 para reparaciones. ¿Cuántas piezas les quedaron?

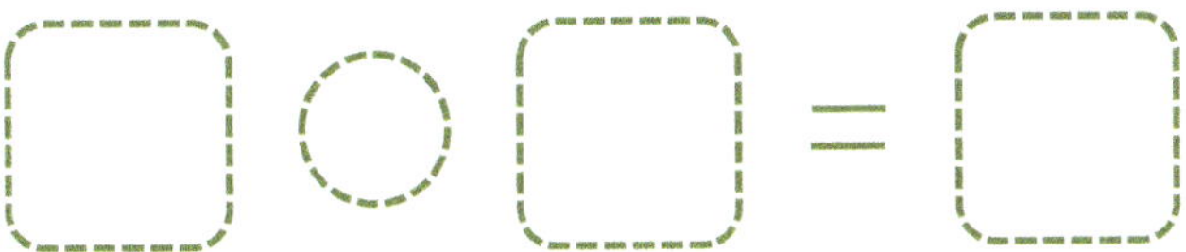

4. Visitas al parque eólico:

- El miércoles, 10 estudiantes tenían planeado visitar el parque eólico, pero 3 se enfermaron y no pudieron asistir. ¿Cuántos estudiantes visitaron el parque eólico ese día?

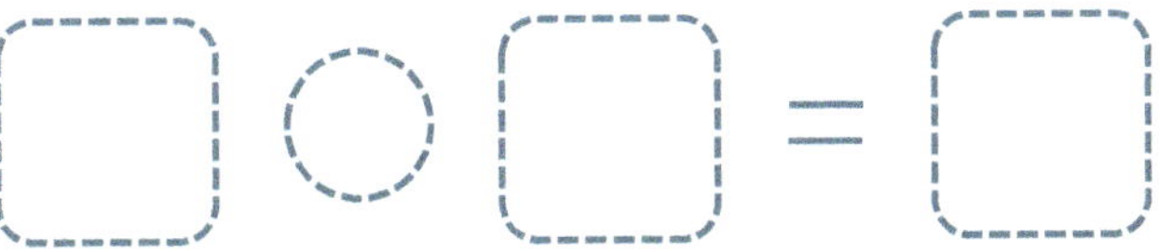

- El lunes, 6 estudiantes visitaron el parque eólico para aprender sobre aerogeneradores. El martes, se unieron 2 estudiantes más. ¿Cuántos estudiantes visitaron el parque eólico en total?

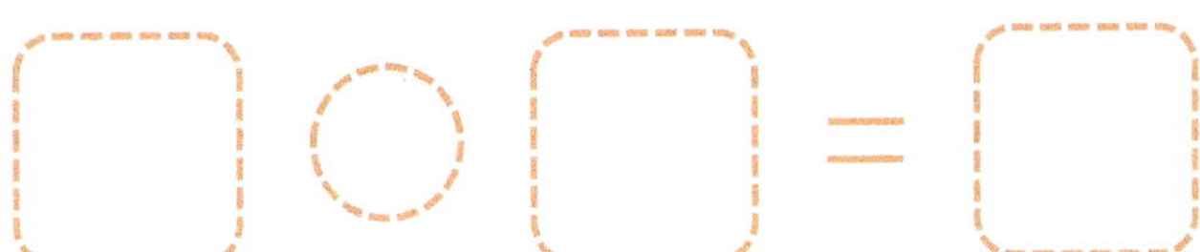

4

Bolsas Reutilizables

Cuento
Podcast

Una bolsa reutilizable es una bolsa especial que podemos usar muchas veces para llevar cosas, en lugar de usar una bolsa nueva cada vez y tirarla después. Así ayudamos a cuidar nuestro planeta.

1. Compras con bolsas reutilizables:

- Laura fue al supermercado con 3 bolsas reutilizables. Al darse cuenta de que necesitaba más, compró 2 adicionales. ¿Cuántas bolsas reutilizables tiene Laura ahora?

- Después de hacer las compras y vaciar las 5 bolsas, Laura regaló 2 bolsas a su vecina. ¿Cuántas bolsas le quedaron a Laura?

2. Recolección de bolsas:

- La escuela hizo una campaña para recolectar bolsas reutilizables. El lunes, los estudiantes trajeron 4 bolsas y el martes trajeron 3 más. ¿Cuántas bolsas se recolectaron en total?

- La profesora tenía 10 bolsas reutilizables para llevar a una excursión. Sin embargo, 2 estudiantes ya tenían la suya. ¿Cuántos estudiantes usaron las bolsas proporcionadas por la maestra?

3. Bolsas en la familia:

- La familia García tiene 6 bolsas reutilizables en la cocina. Después de una limpieza, decidieron donar 3. ¿Cuántas bolsas reutilizables les quedan?

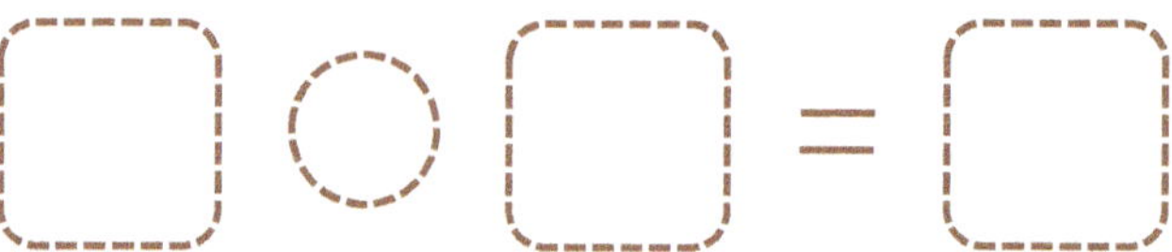

- Durante una salida, mamá llevó 4 bolsas reutilizables y papá llevó 2 más. ¿Cuántas bolsas reutilizables llevó la familia en total?

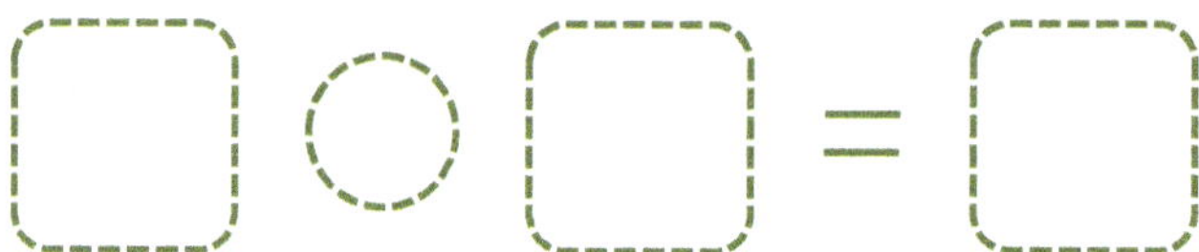

4. Bolsas en la tienda:

- En la tienda ecológica, vendieron 7 bolsas reutilizables por la mañana y 2 más por la tarde. ¿Cuántas bolsas reutilizables vendieron en total ese día?

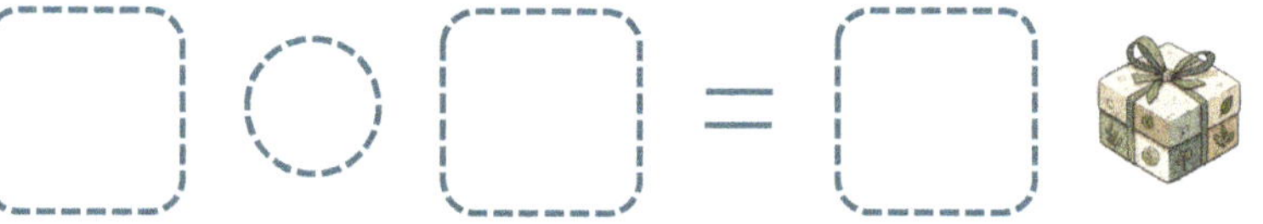

- Martina fue a la tienda con 4 bolsas reutilizables. Después de hacer sus compras, solo usó 2. ¿Cuántas bolsas reutilizables le quedaron sin usar?

Panel Solar

Un panel solar es un objeto grande y plano que atrapa la luz del sol y la convierte en energía. Así podemos encender luces y aparatos sin gastar tanta electricidad y es bueno para la Tierra.

1. Instalación de paneles solares:

- La escuela tenía 4 paneles solares en el tejado. Decidieron añadir 3 más para obtener más energía. ¿Cuántos paneles solares tiene la escuela ahora?

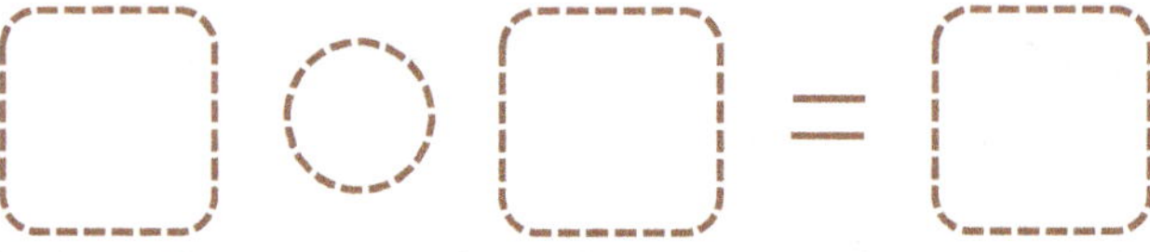

- Después de una revisión, 2 de los 7 paneles solares necesitaban reparación y se retiraron. ¿Cuántos paneles solares quedaron funcionando?

2. Energía solar producida:

- El panel solar A generó 5 kilovatios de energía y el panel solar B generó 3 kilovatios. ¿Cuántos kilovatios de energía se generaron en total?

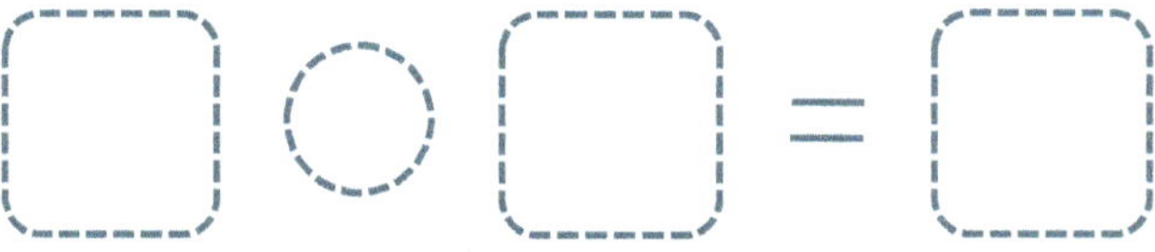

- Durante una semana nublada, los paneles solares produjeron 9 kilovatios de energía, pero 4 kilovatios se perdieron debido a problemas técnicos. ¿Cuántos kilovatios se conservaron?

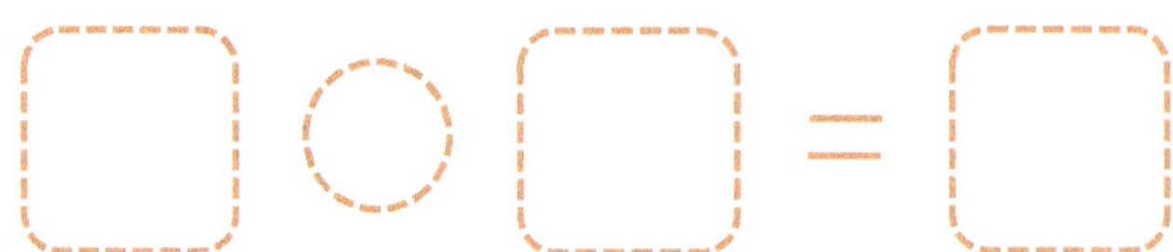

3. Compras de paneles solares:

- Marta compró 3 paneles solares para su casa y luego añadió 2 más. ¿Cuántos paneles solares tiene Marta en total?

- En la tienda de energía solar, había una oferta de 7 paneles solares. Al final del día, vendieron 5. ¿Cuántos paneles solares quedaron en la oferta?

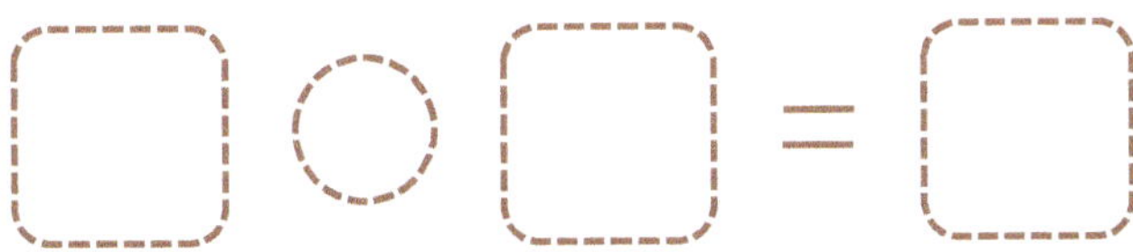

4. Uso de energía en el hogar:

- Sofia tiene 8 luces en su casa alimentadas por energía solar. Después de una tormenta, 3 dejaron de funcionar. ¿Cuántas luces solares siguen funcionando en su casa?

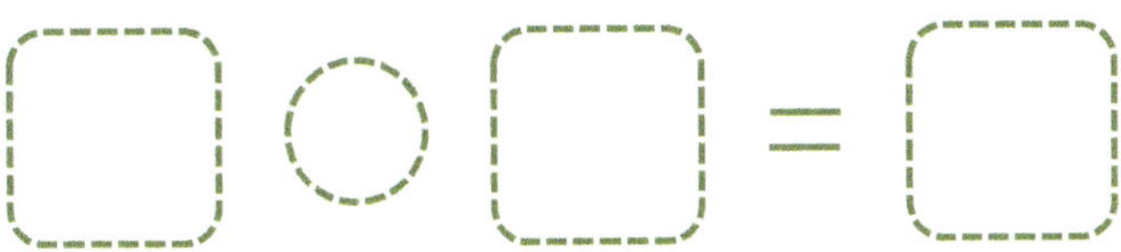

- El hogar de Luis usa 6 kilovatios de energía solar al día. Después de instalar varios paneles solares, ahora usa 2 kilovatios menos. ¿Cuántos kilovatios de energía solar usa ahora la casa de Luis?

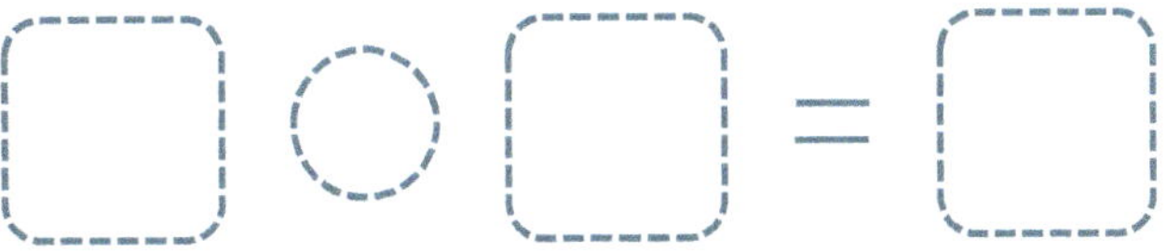

Bicicleta

Cuento Podcast

Una bicicleta es un vehículo con dos ruedas que movemos pedaleando con nuestras piernas. Usar la bicicleta es bueno porque no contamina el aire, nos ayuda a hacer ejercicio y es divertido conducirla.

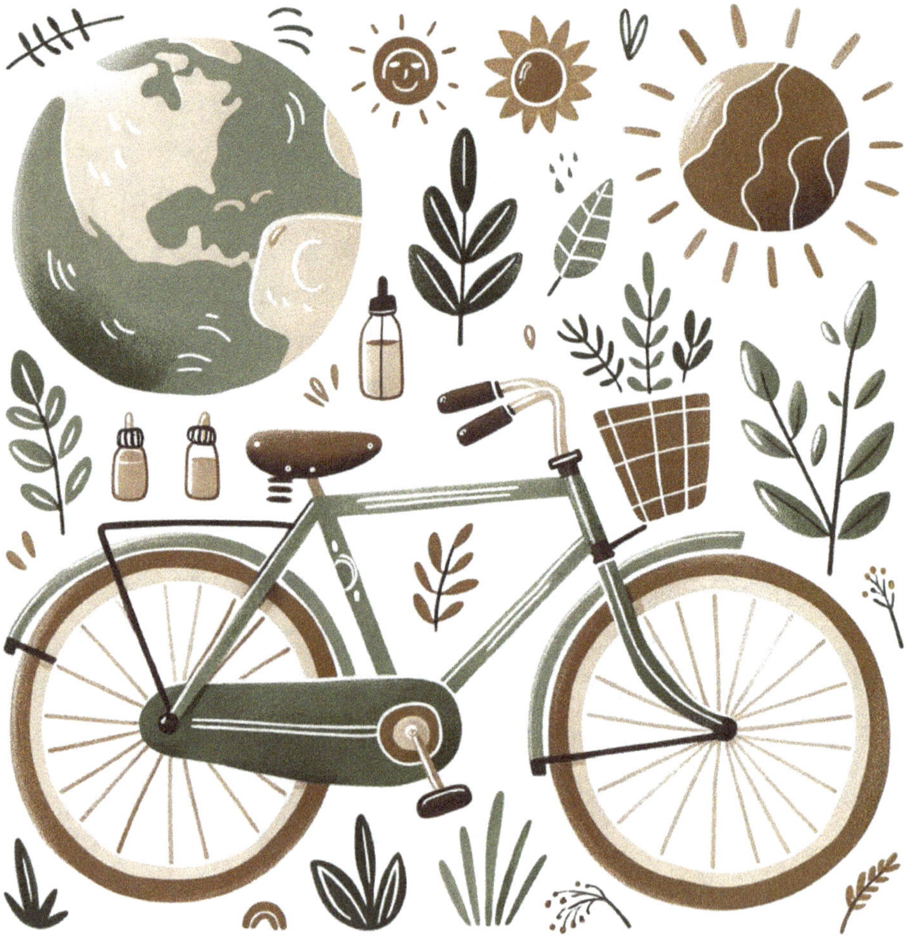

1. Bicicletas en el parque:

- En el parque, había 4 bicicletas aparcadas en el carril bici. Más tarde, llegaron 3 niños más en bicicleta. ¿Cuántas bicicletas hay ahora en el parque?

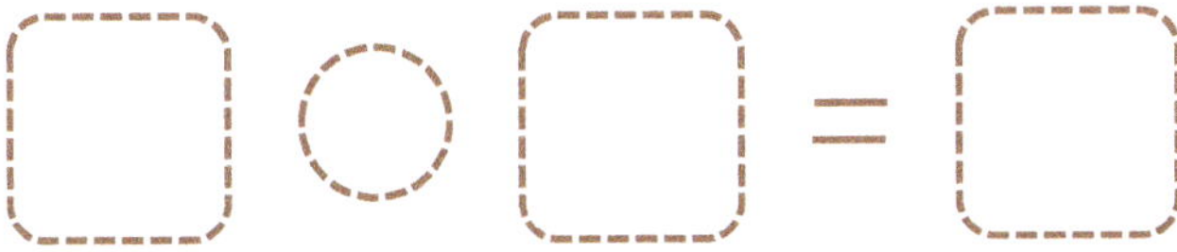

- Al final del día, 2 niños se llevaron sus bicicletas a casa. ¿Cuántas bicicletas quedaron en el parque?

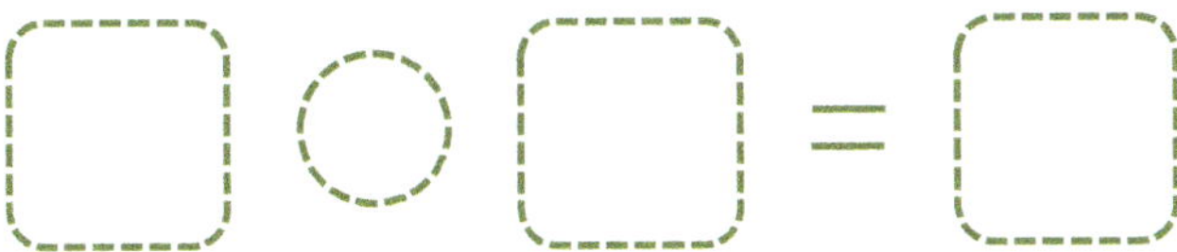

2. Viajes sostenibles:

- María hizo 5 viajes al colegio en bicicleta esta semana y su hermano hizo 2 viajes. ¿Cuántos viajes al colegio hicieron entre los dos en bicicleta?

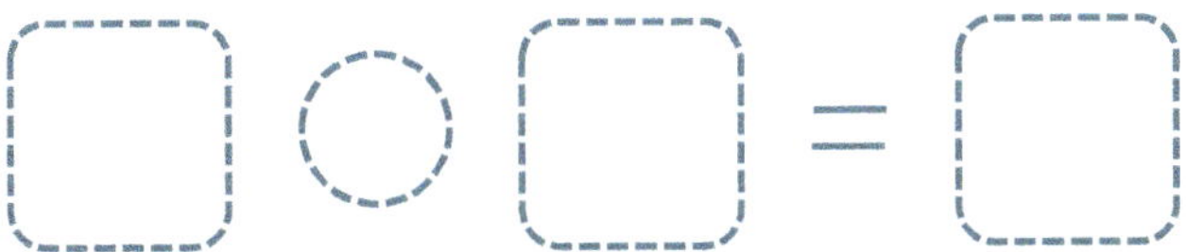

- Durante la semana del medio ambiente, 7 estudiantes vinieron al colegio en bicicleta. La semana siguiente solo fueron 4 en bicicleta ¿Cuántos estudiantes dejaron de ir en bicicleta?

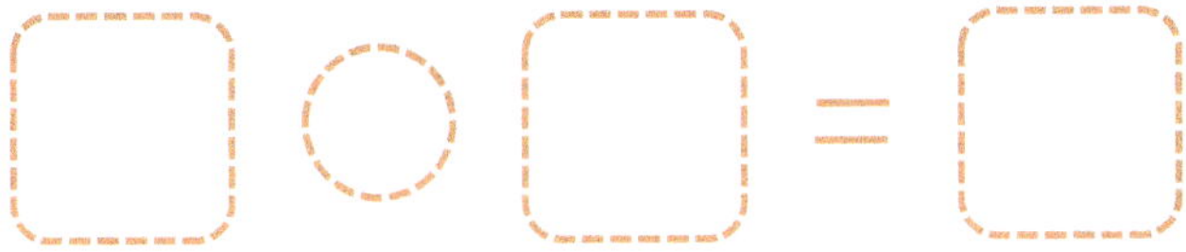

3. Reparación de bicicletas:

- Papá tenía 5 bicicletas viejas en el garaje. Decidió donar 3 a una causa sostenible. ¿Cuántas bicicletas le quedan?

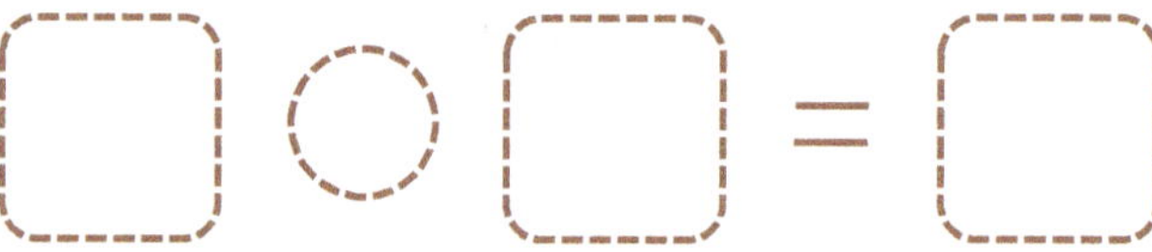

- En la tienda local, había 6 bicicletas esperando ser reparadas. Después de arreglar 3, ¿cuántas bicicletas quedan por reparar?

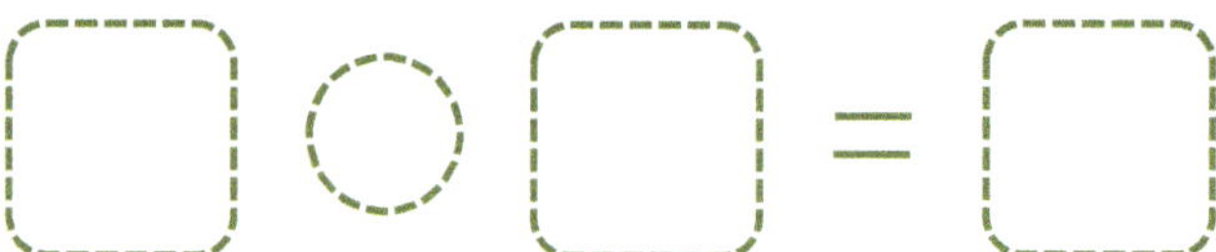

4. Bicicletas en la ciudad:

- En la ciudad, se instalaron 5 nuevas estaciones de alquiler de bicicletas. Al mes siguiente, añadieron 4 estaciones más. ¿Cuántas estaciones de alquiler de bicicletas hay en total?

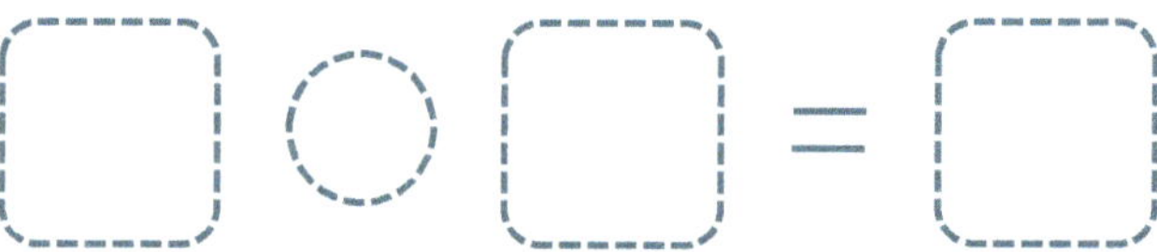

- Durante un evento de sostenibilidad, 8 personas llegaron en bicicleta. Sin embargo, 2 tuvieron que irse antes y se llevaron sus bicicletas. ¿Cuántas bicicletas quedaron durante el evento?

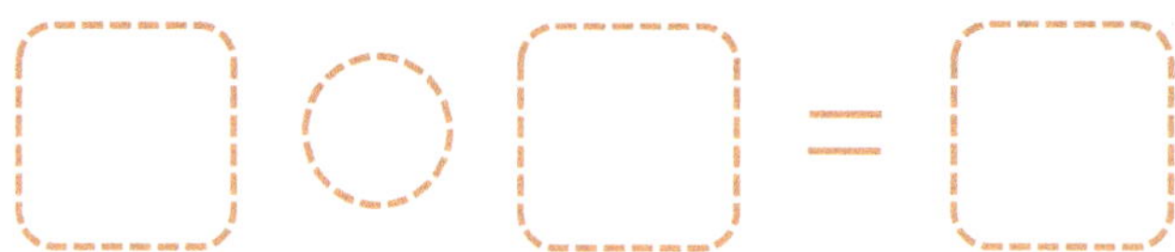

7

Bombilla LED

Una bombilla LED da una luz que dura mucho tiempo y ahorra energía. Es como una luz amigable que ayuda a cuidar nuestro planeta porque usa menos electricidad que otras luces.

1. Cambiar bombillas en casa:

- En casa de Sofía, hay 4 bombillas tradicionales. Deciden reemplazar 3 de ellas por bombillas LED. ¿Cuántas bombillas tradicionales les quedan?

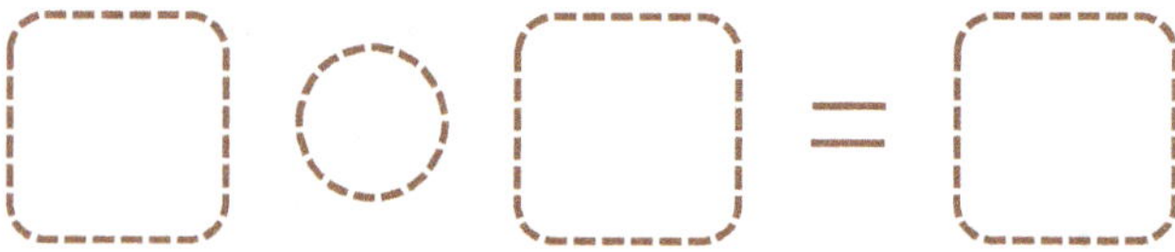

- La familia de Pedro tenía 5 bombillas LED en su casa. Después de una tormenta, 2 bombillas dejaron de funcionar. ¿Cuántas bombillas LED siguen funcionando?

2. Ahorro de energía:

- En la escuela, se instalaron 6 bombillas LED en el aula y 2 más en el pasillo. ¿Cuántas bombillas LED instalaron en total?

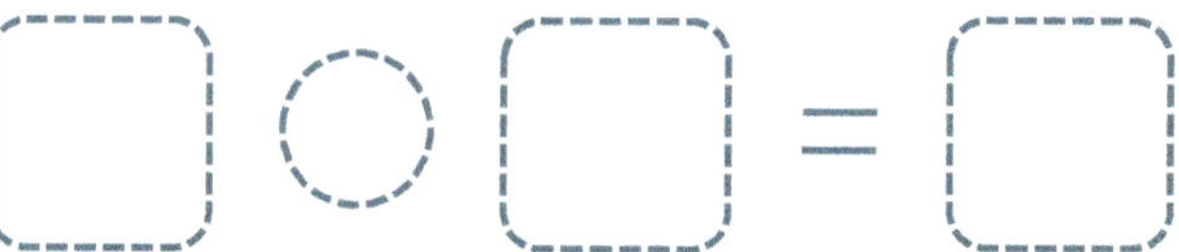

- En la biblioteca, había 7 bombillas LED, pero decidieron retirar 3 para usar en otro edificio. ¿Cuántas bombillas LED quedan en la biblioteca?

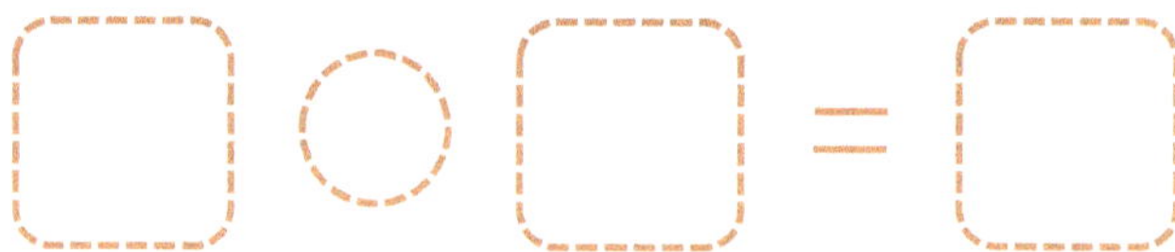

3. Compras sostenibles:

- Laura fue a la tienda y compró 2 bombillas LED para su habitación y 3 para el salón. ¿Cuántas bombillas LED compró en total?

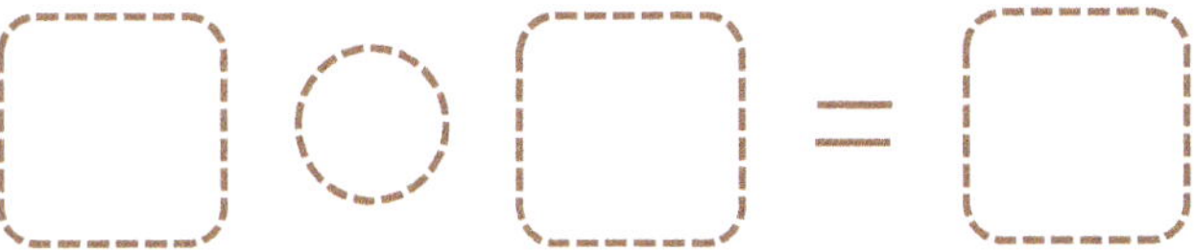

- En el supermercado quedaban 8 bombillas LED de oferta. Después de que Marta comprara 3, ¿cuántas bombillas LED quedaron en oferta?

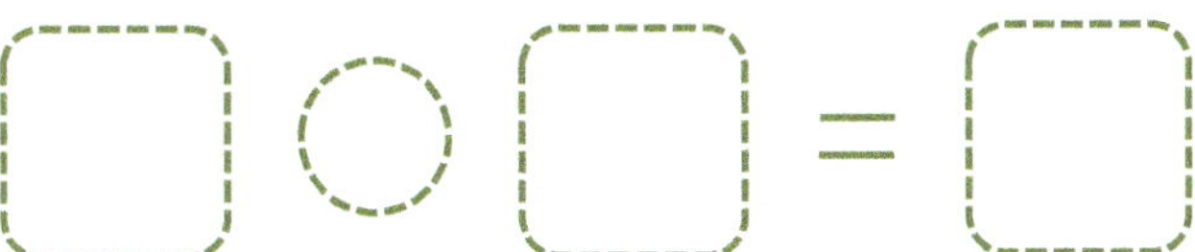

4. Juego de contar bombillas:

- En un juego escolar sobre sostenibilidad, se mostraron 5 bombillas LED y 3 bombillas tradicionales. ¿Cuántas bombillas se mostraron en total?

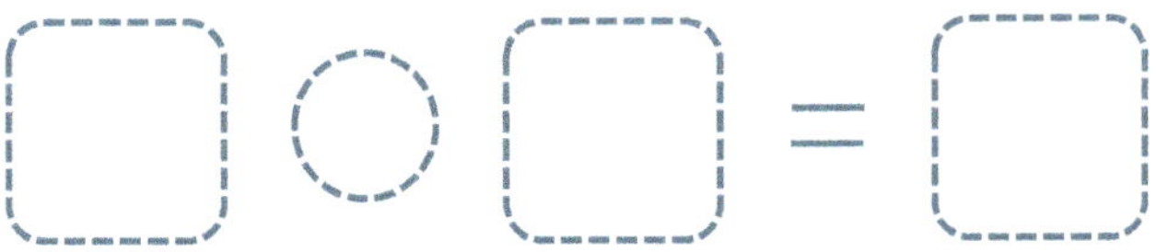

- La abuela tenía 8 bombillas convencionales en casa y cambió 3 por bombillas LED. ¿Cuántas bombillas convencionales le quedan por cambiar?

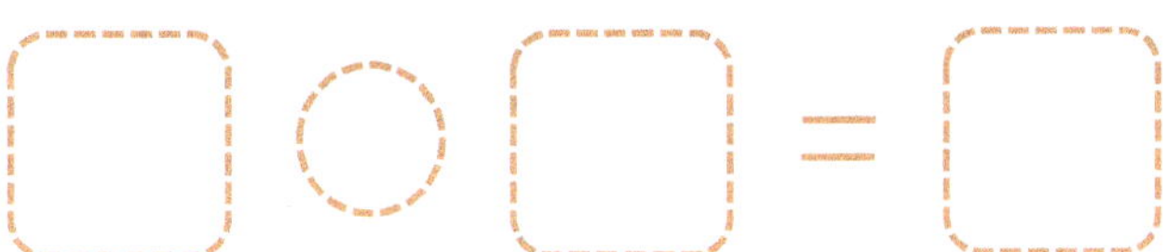

8

Riego por Goteo

El riego por goteo es una forma de darle agua a las plantas poquito a poquito, como si fueran gotitas de lluvia. Así las plantas tienen justo el agua que necesitan y no se desperdicia.

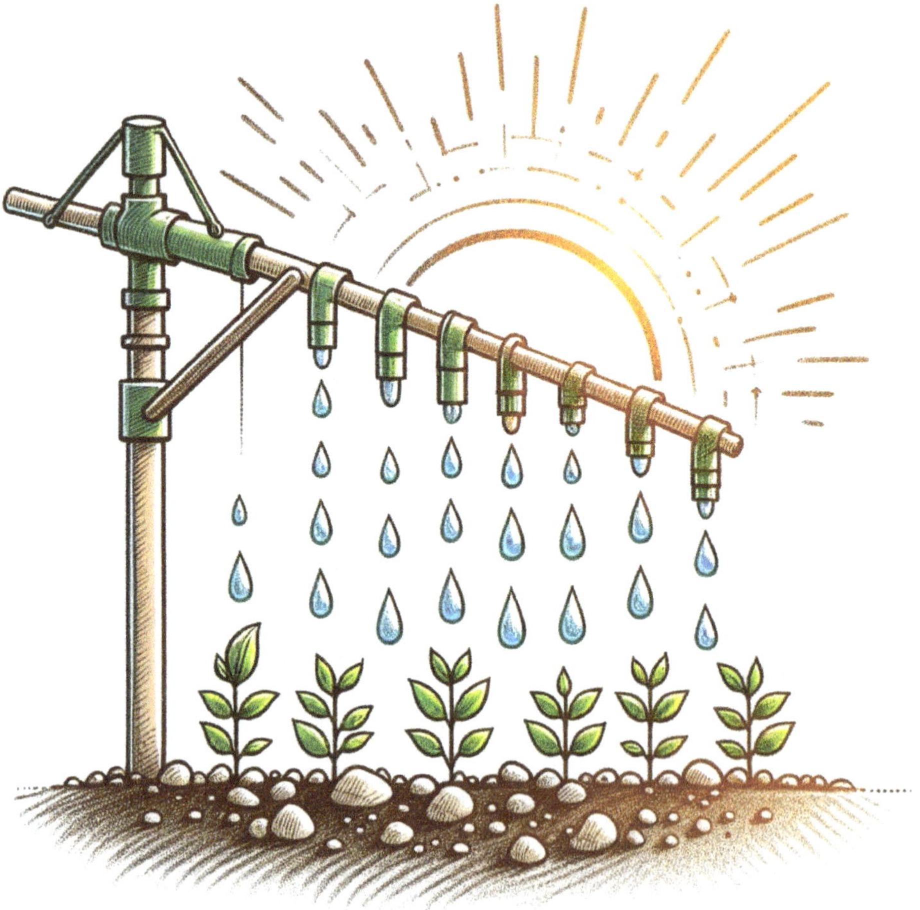

1. Instalación en el jardín:

- Marta tiene un jardín con 4 plantas. Decide instalar un sistema de riego por goteo en 3 de ellas. ¿Cuántas plantas no tienen riego por goteo?

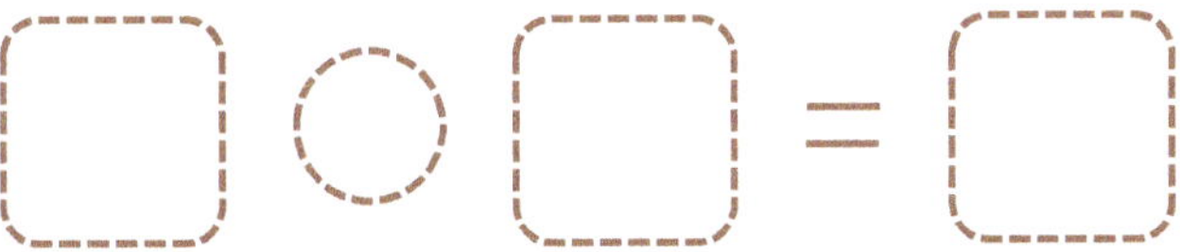

- En el huerto escolar, hay 9 zonas de cultivo. El profesor instala riego por goteo en 4 zonas. ¿Cuántas zonas quedan sin riego por goteo?

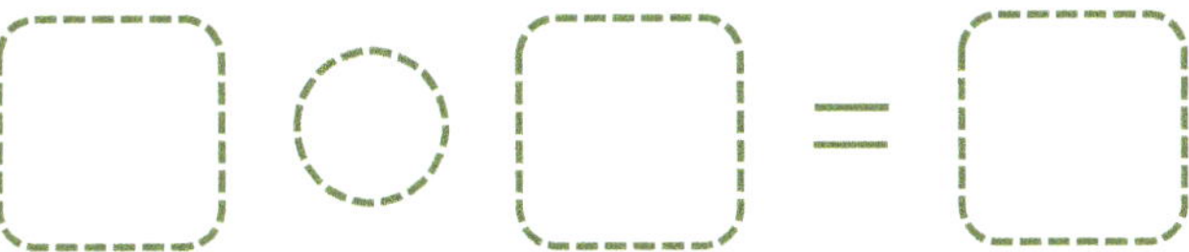

2. Ahorro de agua:

- Con el riego tradicional, el jardín de Juan usa 7 litros de agua. Con el riego por goteo, solo usa 4 litros. ¿Cuántos litros de agua ahorra Juan con el riego por goteo?

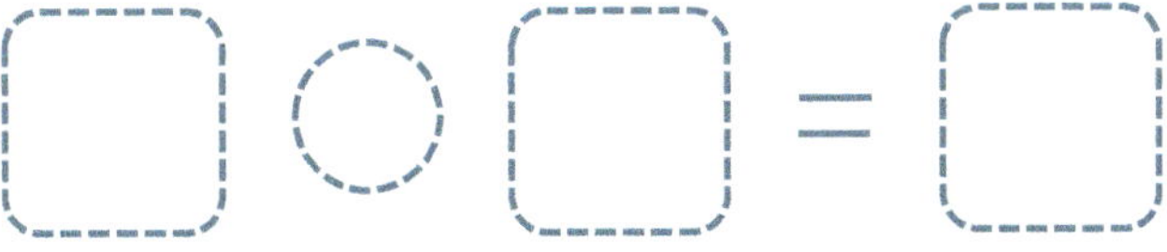

- La granja de Carla tiene 8 áreas de cultivo. Después de instalar riego por goteo en 5 áreas, ¿cuántas áreas siguen con el riego tradicional?

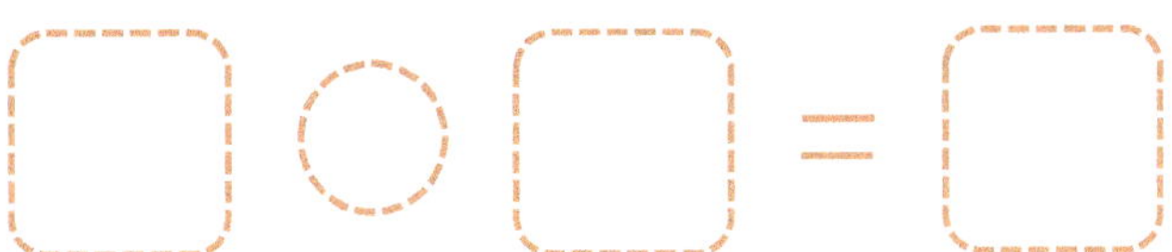

3. Compra de materiales:

- Pablo va a la tienda y compra 6 mangueras para riego por goteo. Después, su hermano compra 2 más. ¿Cuántas mangueras tienen en total?

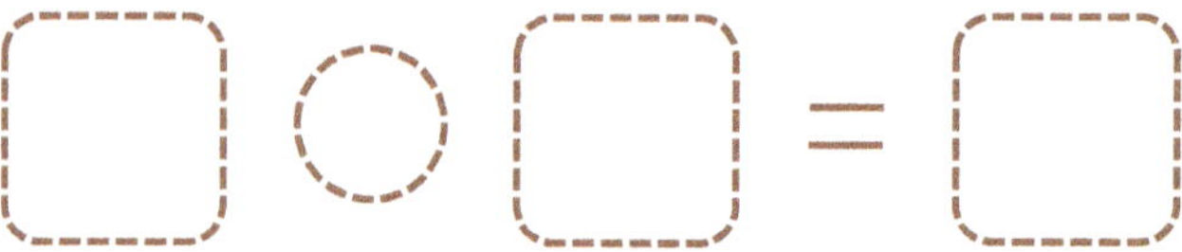

- En la tienda de jardinería, había una oferta de 9 conectores para riego por goteo. Después de que Laura comprara 3, ¿cuántos conectores quedaron en oferta?

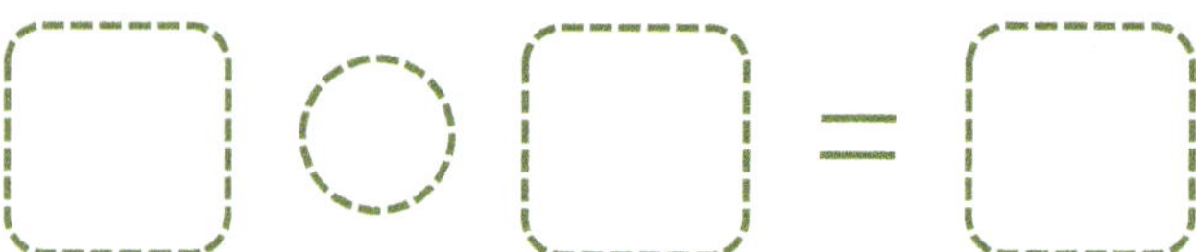

4. Mantenimiento del sistema:

- El riego por goteo del parque tiene 5 goteros. Después de una revisión, se descubre que 2 goteros están obstruidos. ¿Cuántos goteros funcionan correctamente?

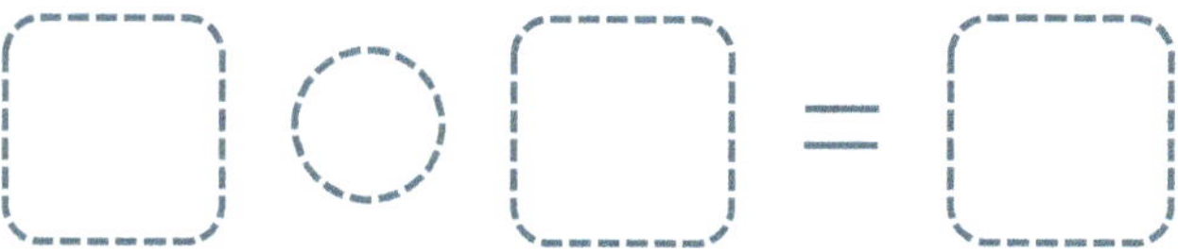

- En el invernadero, hay 9 plantas para regar. Si 5 plantas reciben riego por goteo, ¿cuántas plantas reciben el riego normal?

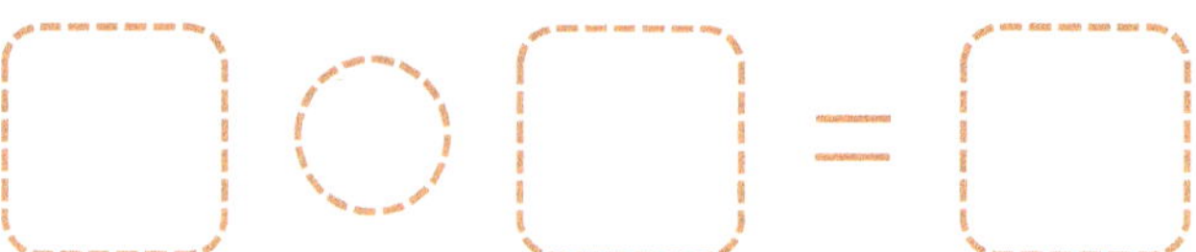

9

Filtro de Agua

Un filtro de agua es un objeto que limpia el agua, atrapando las cositas que son malas para nuestra salud. Después de pasar por el filtro, el agua está clara y lista para beber.

1. Instalación en hogares:

- La familia de Luis tenía 3 grifos en su casa. Decidieron instalar filtros de agua en 2 de ellos. ¿Cuántos grifos no tienen filtros de agua?

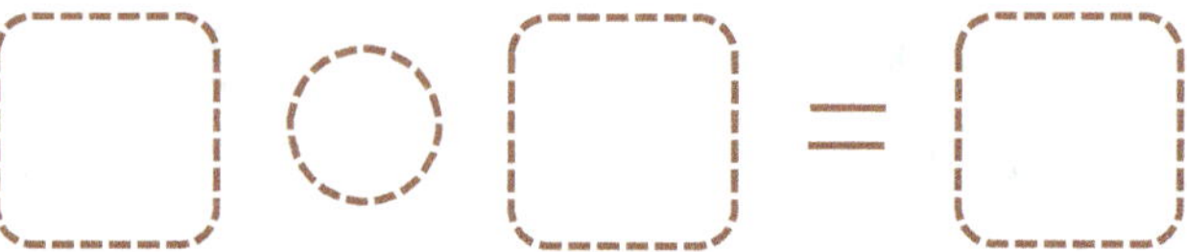

- En el edificio de Clara, 4 vecinos instalaron filtros de agua en sus cocinas. Si hay 7 apartamentos en total, ¿cuántos no tienen filtros?

2. Ahorro de agua embotellada:

- Antes de tener un filtro de agua, Sara compraba 6 botellas de agua a la semana. Después de instalarlo, solo compra 2. ¿Cuántas botellas menos compra Sara ahora?

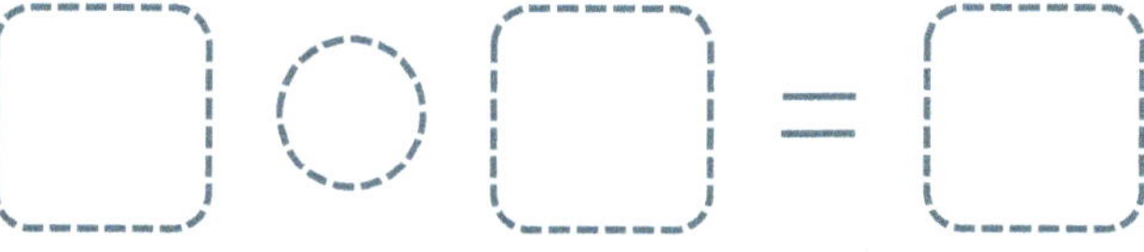

- La escuela decide instalar filtros de agua y reduce el consumo de gastar 8 litros de agua a la semana a solo 5. ¿Cuántos garrafones ahorra la escuela por semana?

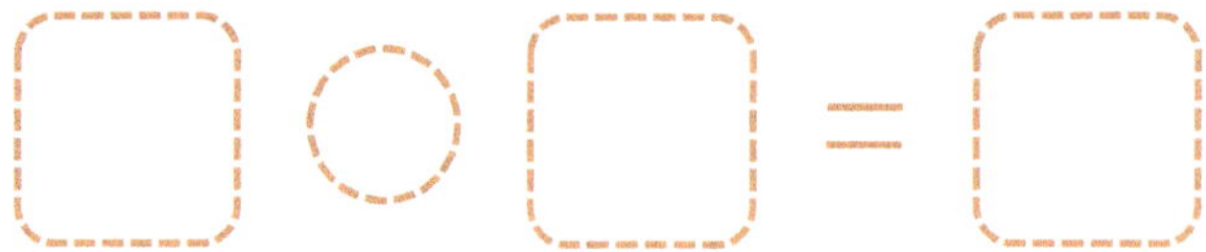

3. Compra de repuestos:

- Marta va a la tienda y compra 4 repuestos para su filtro de agua. Luego, su mamá compra 3 más sin saberlo. ¿Cuántos repuestos tienen en total?

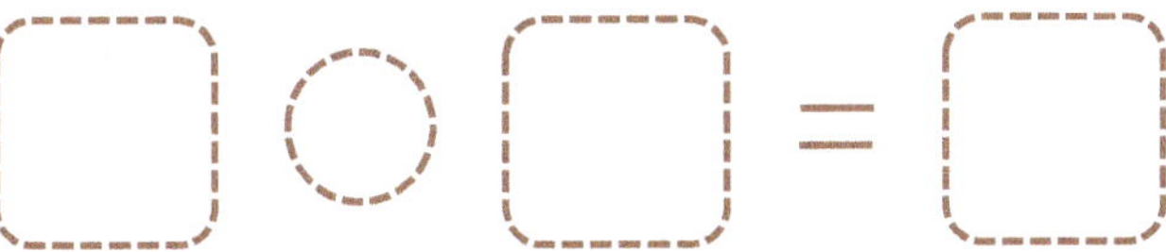

- En una tienda, había una oferta de 7 cartuchos de filtro. Al final del día, se vendieron 5. ¿Cuántos cartuchos quedan en la oferta?

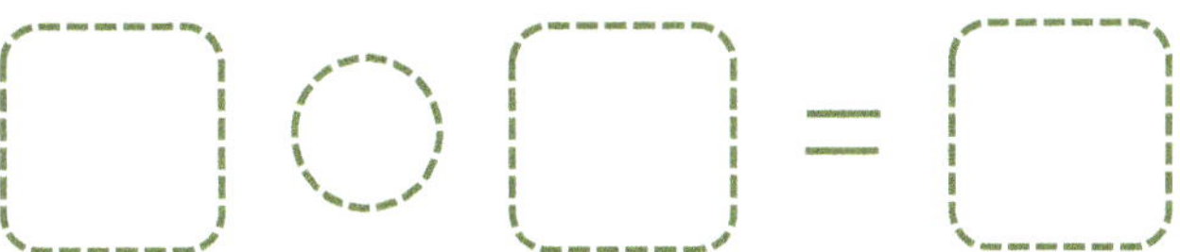

4. Limpieza del filtro:

- El filtro de agua de Pedro tiene 5 etapas de filtrado. Tras una revisión, descubre que 2 etapas necesitan ser limpiadas. ¿Cuántas etapas están funcionando correctamente?

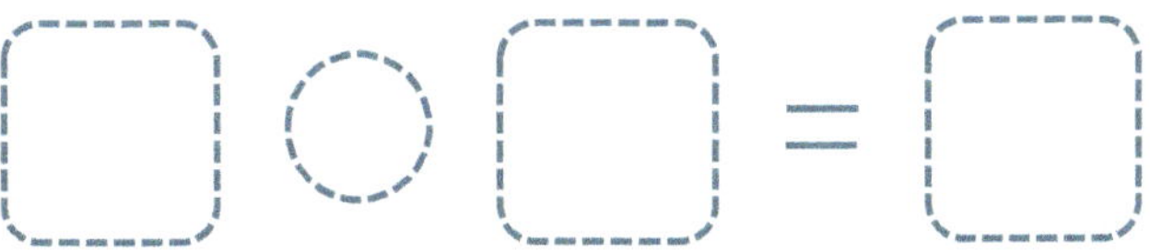

- En la cafetería, hay 6 máquinas con filtros de agua. Si 3 máquinas indican que es hora de cambiar el filtro, ¿cuántas máquinas siguen teniendo filtros en buen estado?

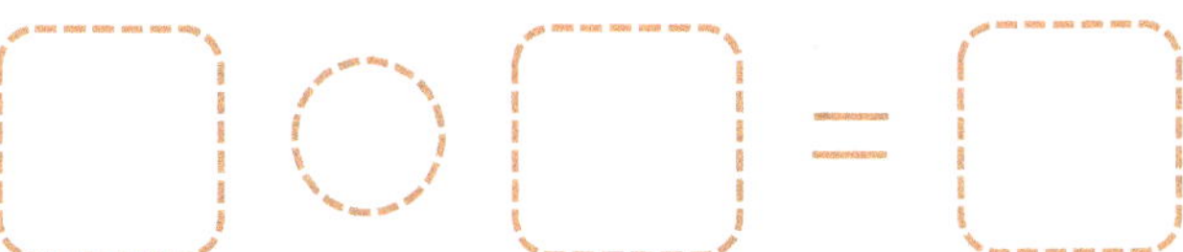

10

Reciclaje

Cuento
Podcast

Cuando reciclamos estamos dando una segunda oportunidad a las cosas que ya no usamos, como botellas o papeles, convirtiéndolos en algo nuevo en lugar de tirarlos a la basura.

1. Botellas de Plástico:

- Mario recolectó 5 botellas de plástico y su hermana recolectó otras 2. ¿Cuántas botellas recolectaron entre los dos?

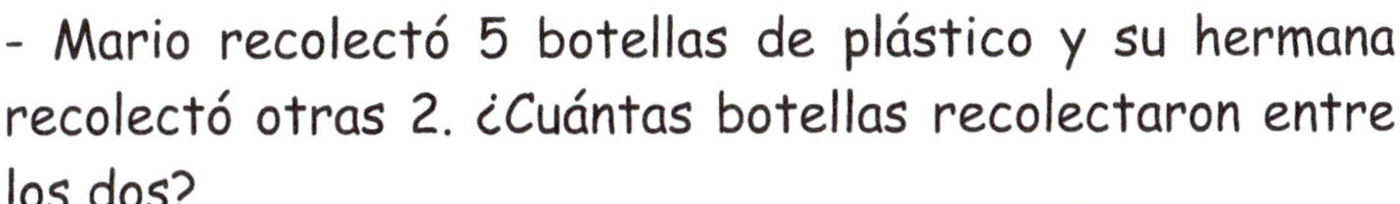

- En el colegio había 8 botellas de plástico en el contenedor. Después de reciclar 3, ¿cuántas botellas quedaron en el contenedor?

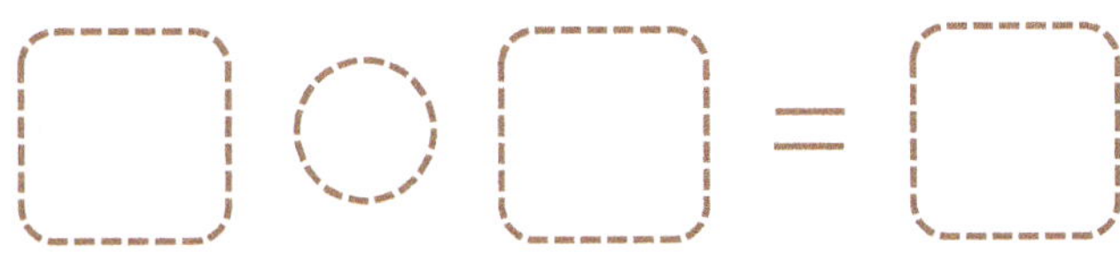

2. Papeles:

- La profesora echó 5 hojas de papel a la papelera de reciclaje. Si los estudiantes echaron 3 más, ¿cuántas hojas se reciclaron en total?

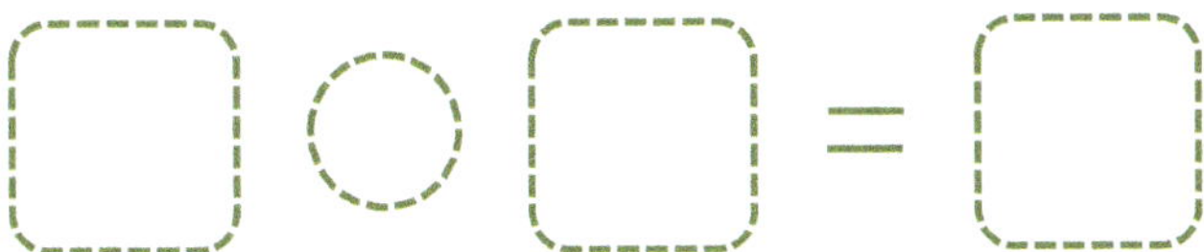

- Había 10 hojas de papel en la caja de reciclaje. Algunos estudiantes tomaron 4 hojas para unas manualidades. ¿Cuántas hojas quedaron en la caja?

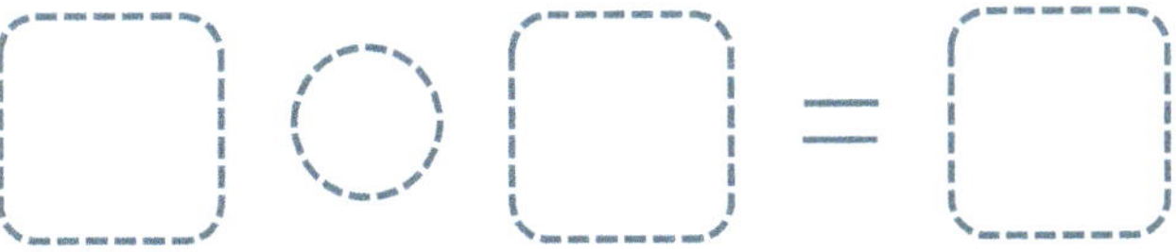

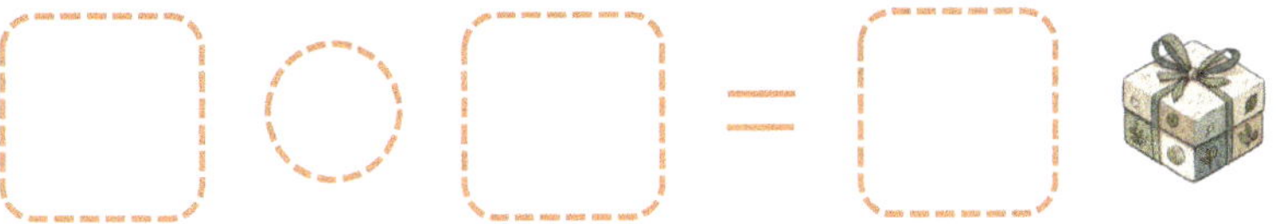

3. Latas:

- En la cocina, había 7 latas para reciclar. Después de que mamá reciclara 5, ¿cuántas latas quedaron?

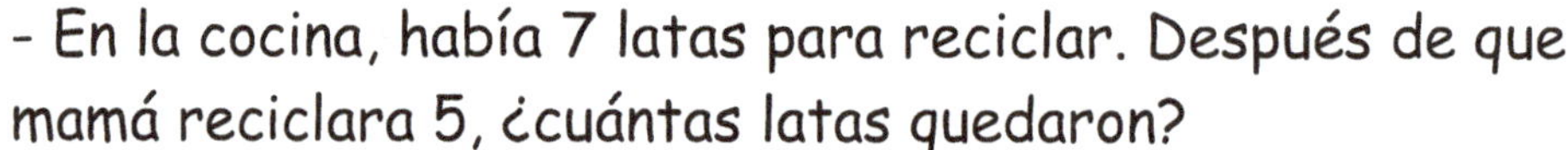

- Ana y Luis recolectaron latas para reciclar. Ana recolectó 4 y Luis 3. ¿Cuántas latas recolectaron entre los dos?

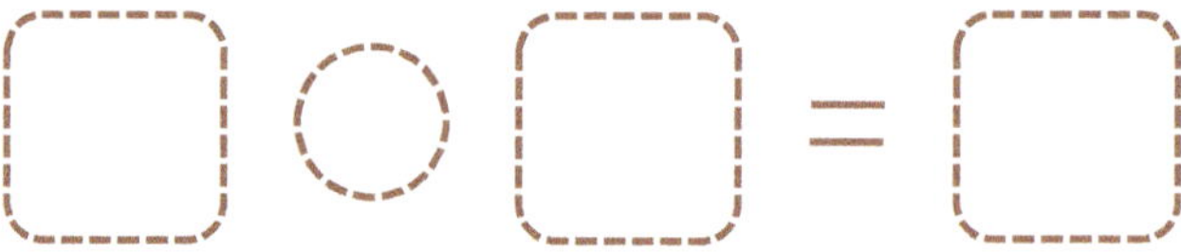

4. Cartones:

- En el supermercado, se reciclaron 6 cartones de leche. Al final del día, los empleados añadieron 2 más. ¿Cuántos cartones de leche se reciclaron en total?

- La familia de Pablo guardó 9 cartones para reciclar. Después de llevar 7 al contenedor, ¿cuántos cartones les quedaron?

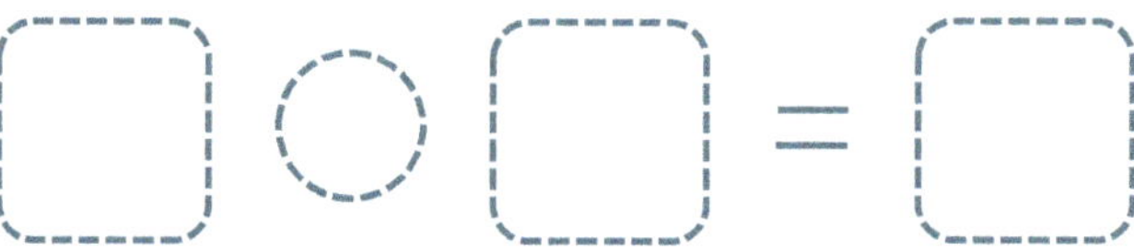

Cuento
Podcast

Papel Reciclado

El papel reciclado es papel que se ha hecho usando pedacitos de papel viejo. En lugar de tirar el papel usado, lo convertimos en papel nuevo otra vez. Así ayudamos a salvar árboles y cuidamos la naturaleza.

1. Uso de papel reciclado:

- En la clase de Laura, los estudiantes usaron 4 hojas de papel reciclado para hacer dibujos. Al día siguiente, usaron 2 hojas más. ¿Cuántas hojas de papel reciclado usaron en total?

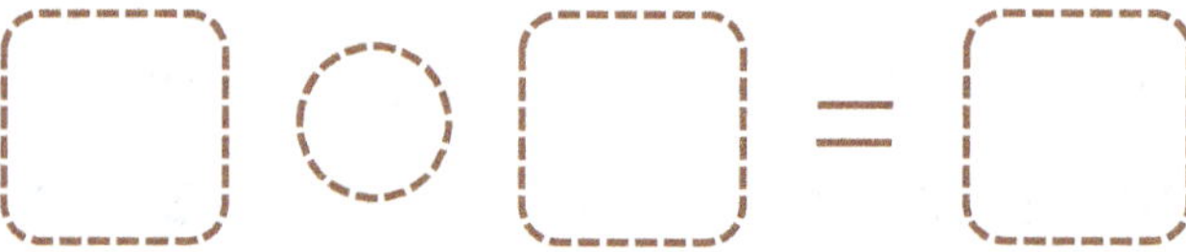

- La maestra tiene 7 hojas de papel reciclado. Si da 3 hojas a uno de los estudiantes para hacer un trabajo, ¿cuántas hojas le quedan?

2. Recolección de papel para reciclar:

- En una semana, la escuela logró recolectar 8 kilos de papel para reciclar. Pero 2 kilos eran de papel no reciclable y tuvieron que separarlo. ¿Cuántos kilos de papel reciclable quedaron?

- El lunes, los niños de la escuela recolectaron 5 kilos de papel para reciclar. El martes, recolectaron 3 kilos más. ¿Cuántos kilos de papel recolectaron en total entre los dos días?

3. Salvar a los Árboles:

El objetivo del colegio es salvar 9 árboles al año usando papel reciclado. Si ya han salvado 6 árboles, ¿cuántos árboles más necesitan salvar para alcanzar su objetivo?

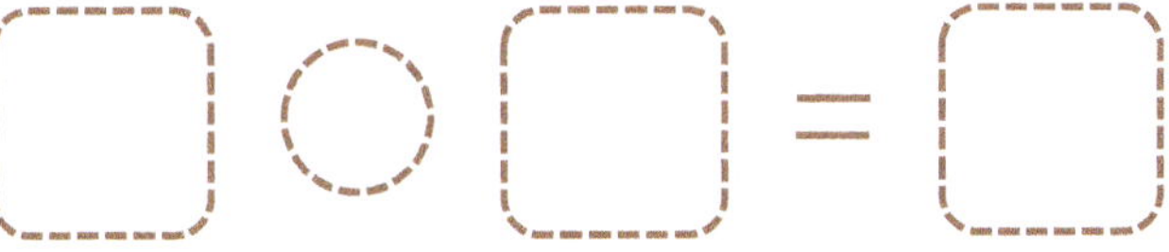

- Gracias al papel reciclado, se logró salvar 4 árboles el mes pasado. Este mes, se salvaron 3 árboles más gracias al mismo esfuerzo. ¿Cuántos árboles en total se salvaron en los dos meses?

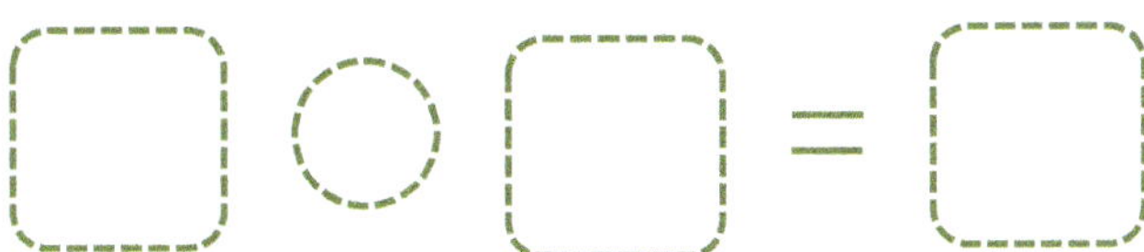

4. Compra y venta de papel reciclado:

- La tienda tenía 10 paquetes de papel reciclado en stock. Después de una venta, solo quedaron 7 paquetes. ¿Cuántos paquetes de papel reciclado vendieron?

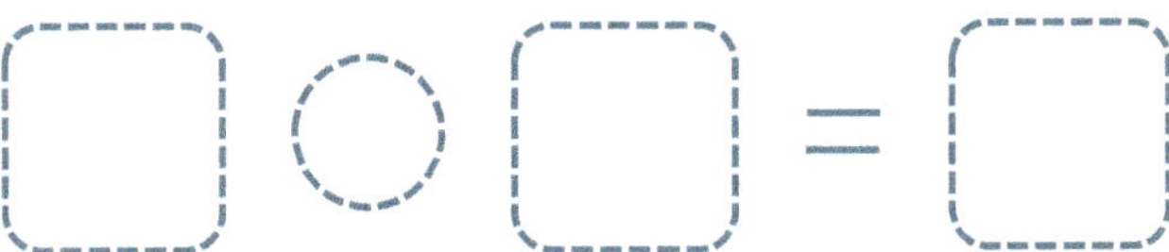

- En una tienda ecológica, vendieron 5 paquetes de papel reciclado el lunes y 2 paquetes más el martes. ¿Cuántos paquetes de papel reciclado vendieron en total?

Transporte Público

El transporte público son los autobuses, trenes o metros que muchas personas utilizan para moverse por la ciudad. Es como un gran viaje en grupo que ayuda a que menos coches circulen en la carretera.

1. Viajes en autobús:

- Juan ha viajado en autobús 3 veces esta semana para ir al colegio. Si viaja 2 veces más para visitar a su abuela, ¿cuántas veces ha viajado en total en autobús esta semana?

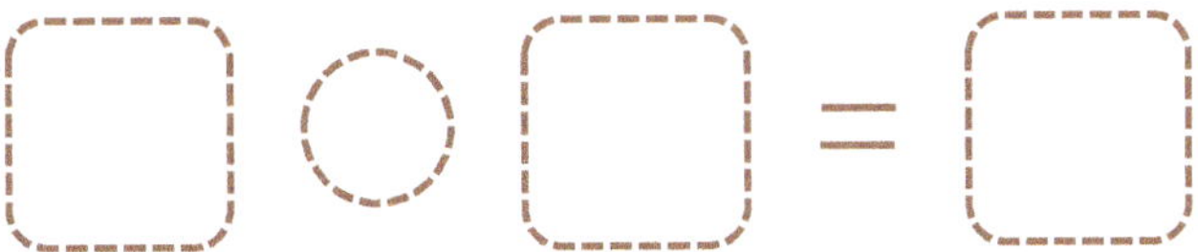

- El autobús escolar puede llevar a 9 niños. Si ya subieron 5, ¿cuántos niños más pueden subir?

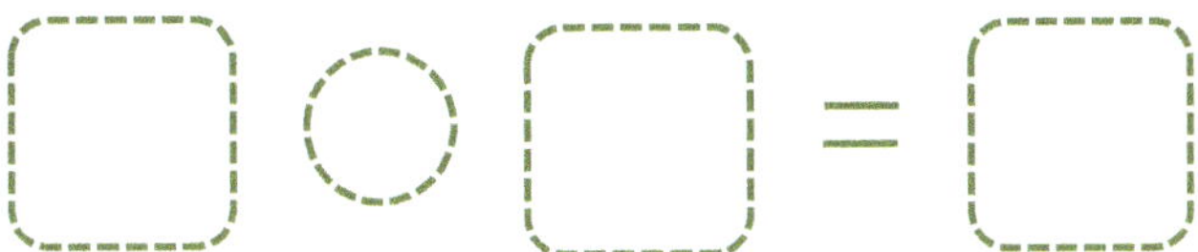

2. Estaciones de tren:

- El tren hace paradas en 4 estaciones antes de llegar al destino final. Si ya ha pasado por 3 estaciones, ¿cuántas estaciones le faltan por recorrer?

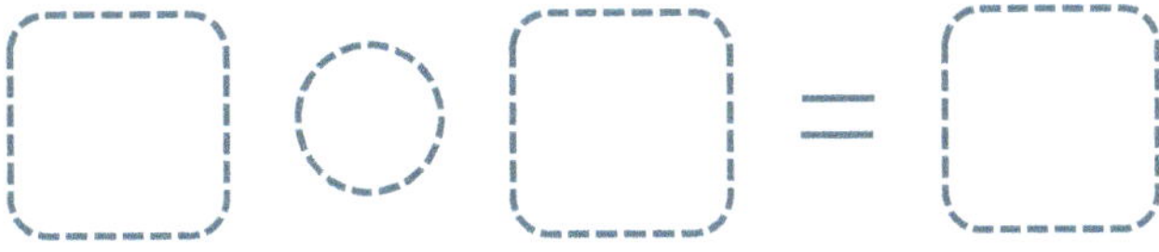

- En la ciudad, hay 7 estaciones de tren en la línea azul y 2 en la línea roja. ¿Cuántas estaciones de tren hay en total?

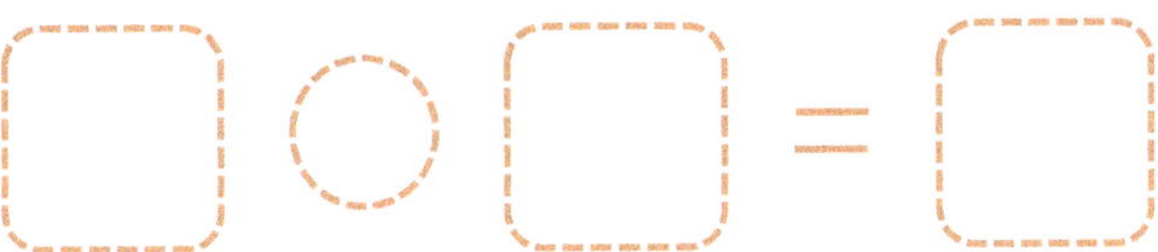

3. Uso de bicicletas públicas:

- En el parque, hay un punto de alquiler con 6 bicicletas disponibles. Si 3 personas alquilan una bicicleta, ¿cuántas bicicletas quedan disponibles?

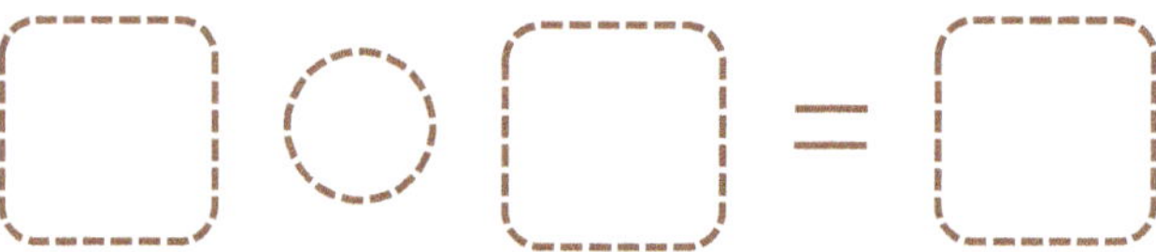

- El lunes, 4 personas usaron las bicicletas públicas para ir al trabajo. El martes, 2 personas más las usaron. ¿Cuántas personas en total usaron las bicicletas públicas esos dos días?

4. Ahorro con el transporte público:

- Usando el coche, Pedro gasta 8 euros al día. Si decide usar el transporte público, gasta solo 3 euros. ¿Cuánto dinero ahorra Pedro al día usando el transporte público?

- El padre de Juan recorre 3 kilómetros en autobús y 5 kilómetros en metro para ir al trabajo. ¿Cuántos kilómetros recorre en total?

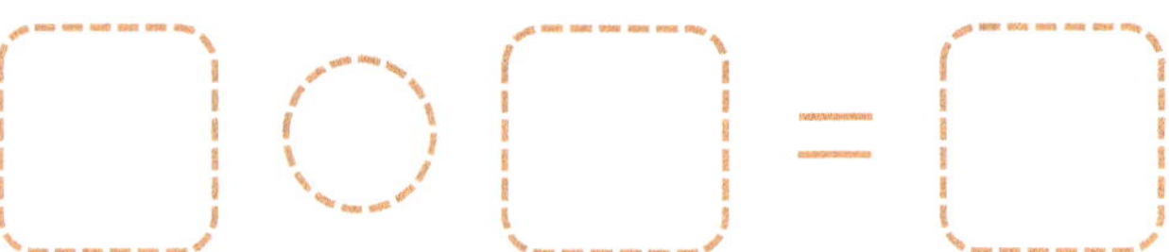

Ecosistema

Un ecosistema es un lugar en la naturaleza donde muchos animales y plantas viven juntos. Es como una comunidad donde todos los seres vivos comparten el mismo hogar y se ayudan entre sí para vivir y crecer.

1. Plantas en el jardín:

- En el jardín ecológico de la escuela, se plantaron 4 árboles y 2 arbustos. ¿Cuántas plantas se plantaron en total?

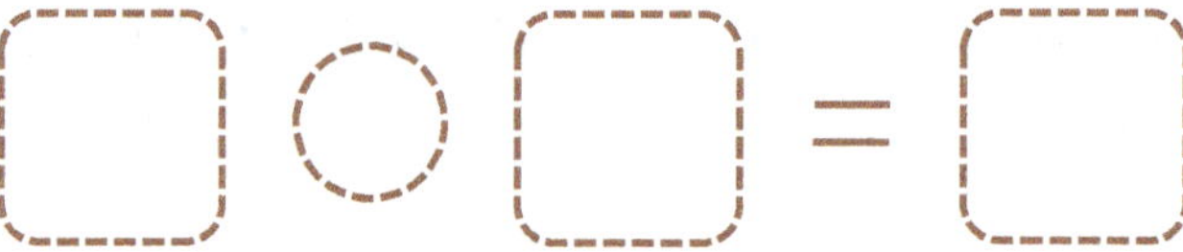

- Había 7 flores en el jardín, pero 3 se marchitaron por falta de agua. ¿Cuántas flores quedan ahora en el jardín?

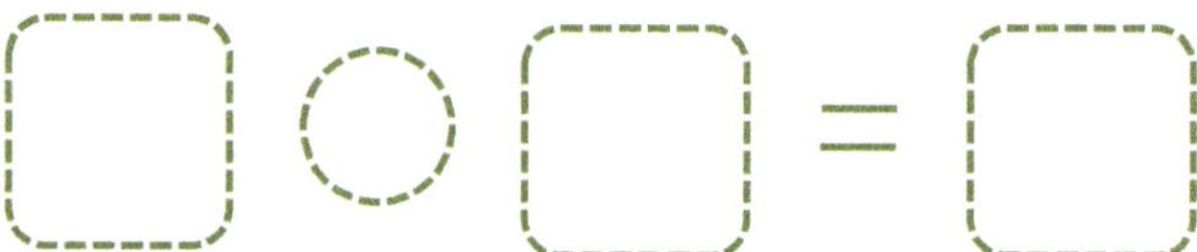

2. Animales en el estanque:

- En el estanque del parque, hay 5 peces y 3 ranas. ¿Cuántos animales hay en total en el estanque?

- Al principio, había 9 patos en el estanque. Pero 4 patos decidieron volar a otro lugar. ¿Cuántos patos quedan ahora en el estanque?

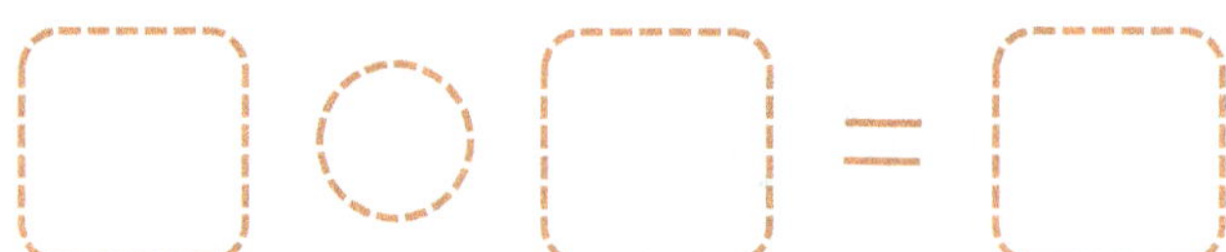

3. Insectos en el bosque:

- Carla capturó 4 mariposas y 2 libélulas para estudiarlas y luego liberarlas. ¿Cuántos insectos capturó Carla en total?

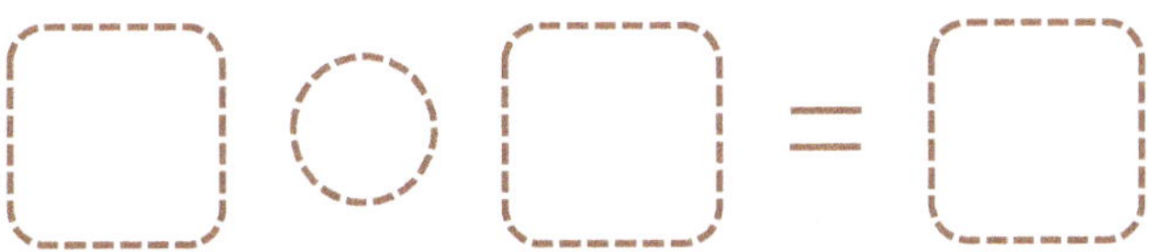

- En un tronco, se encontraban 8 hormigas. Si 5 hormigas decidieron mudarse a otro tronco, ¿cuántas hormigas quedan en el primer tronco?

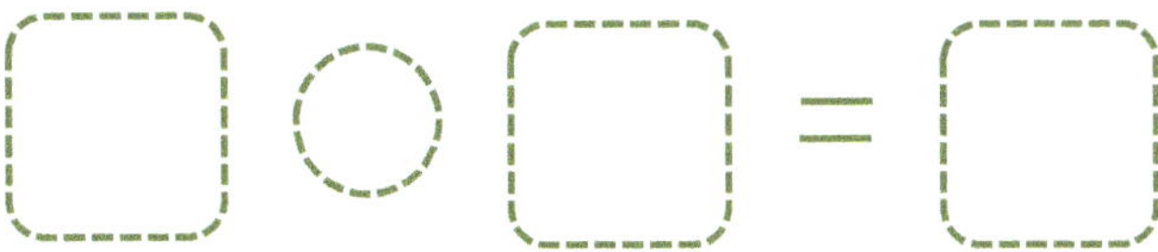

4. Conservación del ecosistema:

- El parque natural tenía 6 árboles enfermos. Gracias a los esfuerzos de conservación, lograron salvar 3 de esos árboles. ¿Cuántos árboles siguen enfermos?

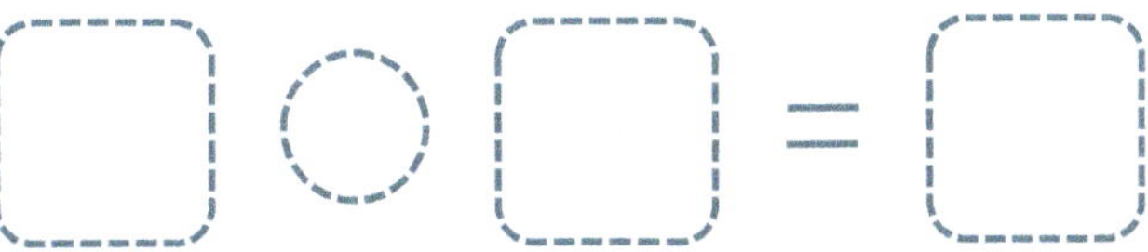

- En la reserva, se cuidan 5 aves y 2 mamíferos en peligro de extinción. ¿Cuántos animales en total están siendo cuidados en la reserva?

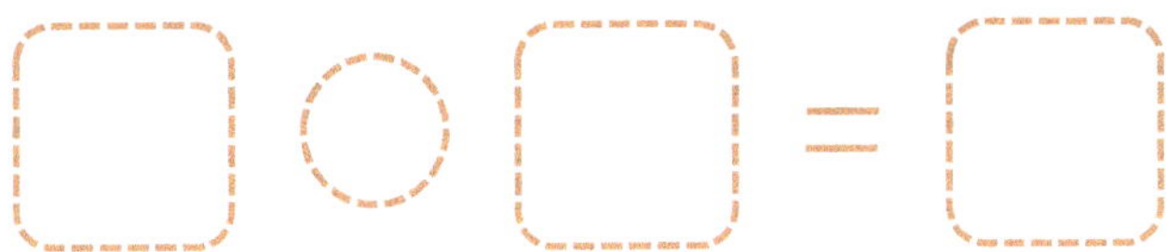

14

Huerto Urbano

Cuento
Podcast

Un huerto urbano es un lugar en la ciudad donde las personas cultivan plantas y vegetales como tomates, zanahorias y flores. Los huertos urbanos pueden estar en balcones, patios o espacios comunes.

1. Cosecha de vegetales:

- En el huerto de la escuela, se cosecharon 4 tomates y 3 pepinos. ¿Cuántos vegetales se cosecharon en total?

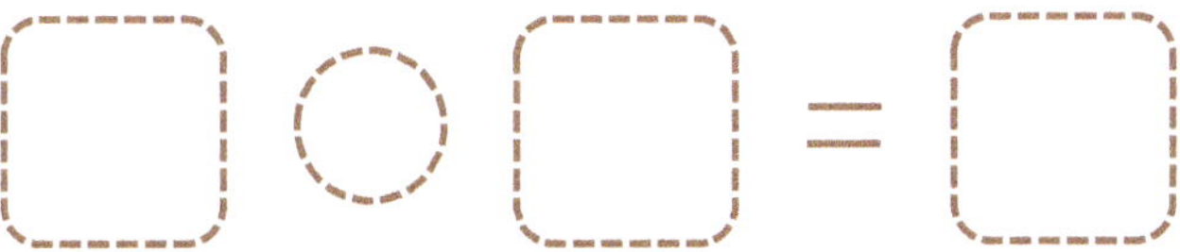

- María había cultivado 6 zanahorias, pero decidió regalar 2 de ellas a su vecina. ¿Cuántas zanahorias le quedan a María?

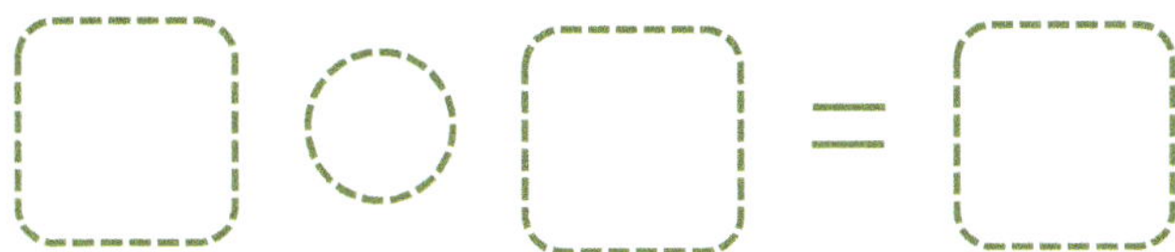

2. Plantación de semillas:

- Se plantaron 8 semillas de pimientos, pero 3 no germinaron. ¿Cuántas semillas de pimientos germinaron con éxito?

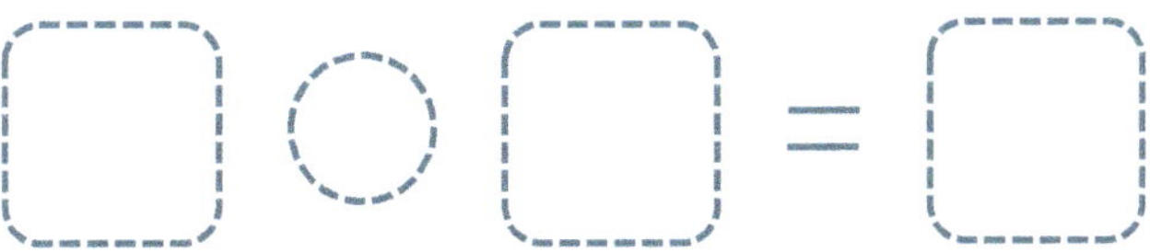

- Pablo plantó 5 semillas de lechuga y 2 de espinaca en su huerto urbano. ¿Cuántas semillas plantó en total?

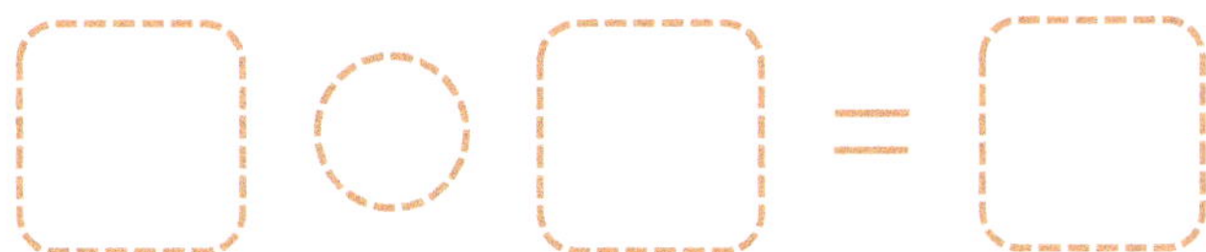

3. Herramientas del huerto:

- En el cobertizo, hay 4 palas y 3 rastrillos. ¿Cuántas herramientas hay en total en el cobertizo?

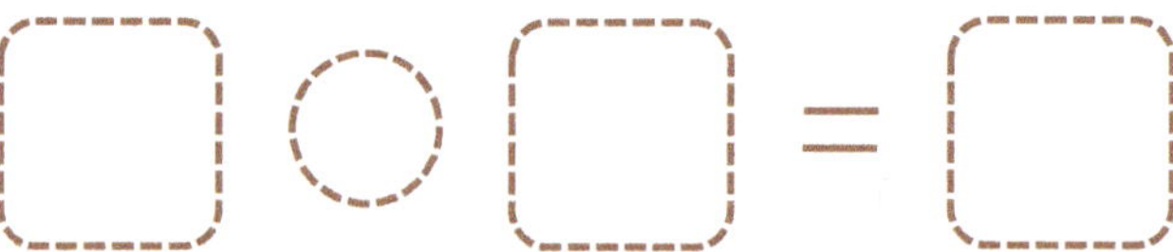

- Al inicio del día, había 7 regaderas en el huerto. Al final del día, 2 estaban desaparecidas. ¿Cuántas regaderas quedan?

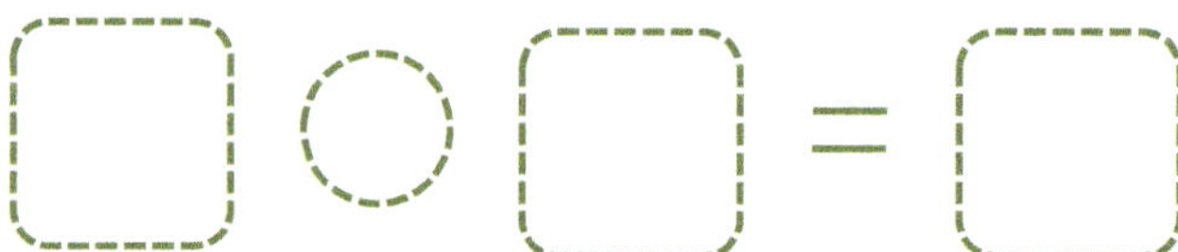

4. Contribución al huerto comunitario:

- En el huerto comunitario, 5 vecinos trajeron plantas de albahaca y 3 trajeron plantas de cilantro. ¿Cuántas plantas trajeron en total al huerto?

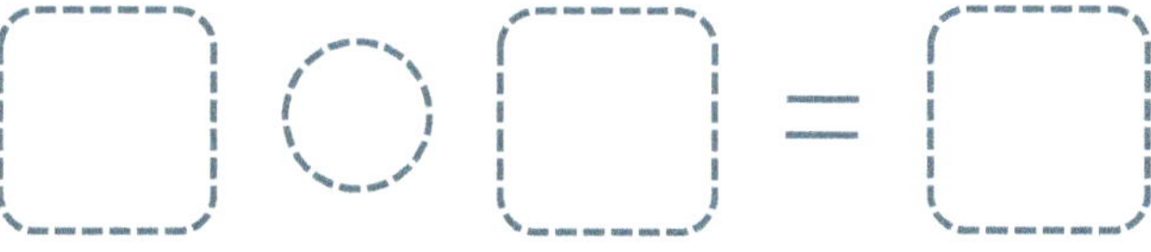

- El huerto comunitario comenzó con 9 macetas. Si 4 macetas se rompieron por el viento, ¿cuántas macetas quedan intactas?

15

Edificio Ecológico

Un edificio ecológico es un tipo de casa o construcción que está diseñada para cuidar el planeta. En estos edificios, se utilizan materiales especiales y se ahorra mucha energía para que no se desperdicie. También pueden tener techos verdes con plantas que ayudan al medio ambiente. Es como una casa amiga de la naturaleza.

1. Paneles solares:

- En el techo del edificio ecológico, hay 5 paneles solares. Si se instalan 2 paneles más, ¿cuántos paneles solares habrá en total?

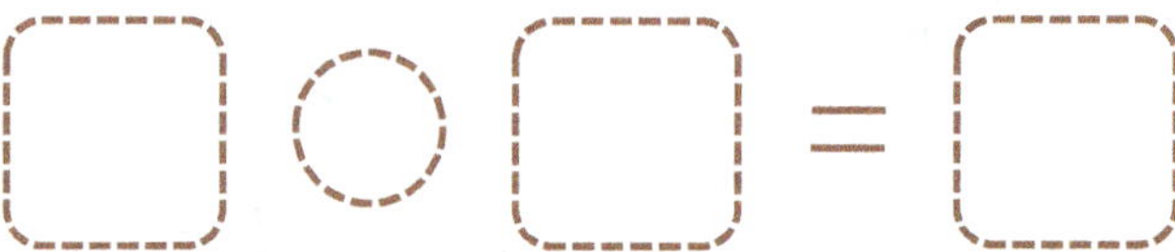

- El edificio tenía 7 paneles solares, pero 3 necesitaban reparación. ¿Cuántos paneles solares están funcionando correctamente?

2. Recogida de agua de lluvia:

- El sistema de recogida de agua capturó 4 litros de agua en la mañana y 3 litros en la tarde. ¿Cuántos litros de agua se recogieron en total?

- Había 8 litros de agua almacenada. Después de regar las plantas, quedaron 5 litros. ¿Cuántos litros de agua se usaron para regar?

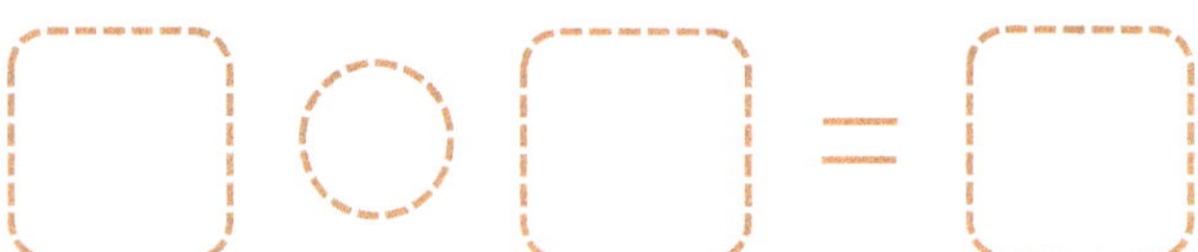

3. Ventanas ecológicas:

- El edificio ecológico tiene 6 ventanas en el primer piso y 2 en el segundo piso. ¿Cuántas ventanas tiene en total el edificio?

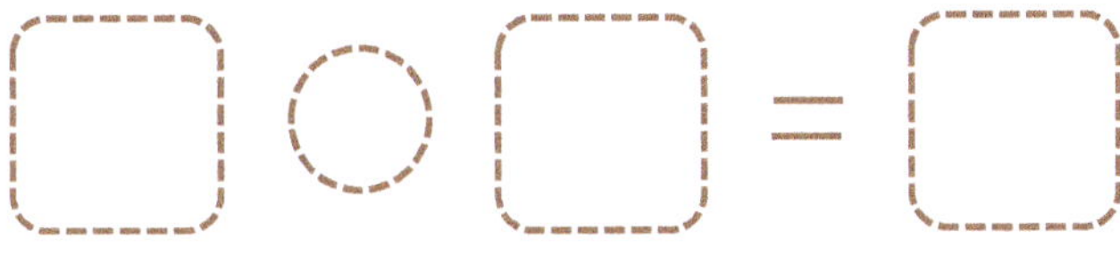

- De las 9 ventanas del edificio, 4 están abiertas para ventilar. ¿Cuántas ventanas están cerradas?

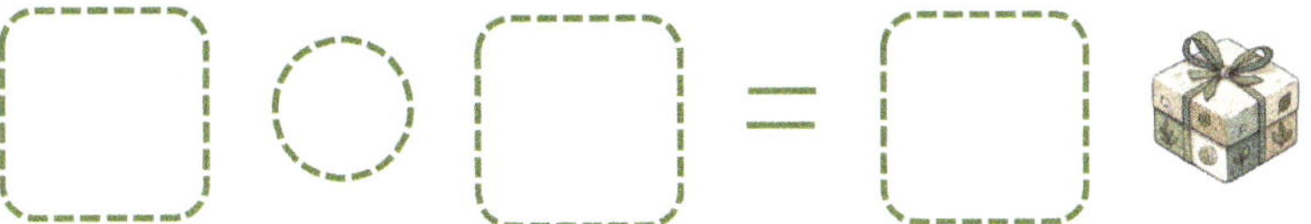

4. Jardines verticales:

- El edificio tenía 5 jardines verticales, pero 1 se dañó por falta de mantenimiento. ¿Cuántos jardines verticales quedan en buen estado?

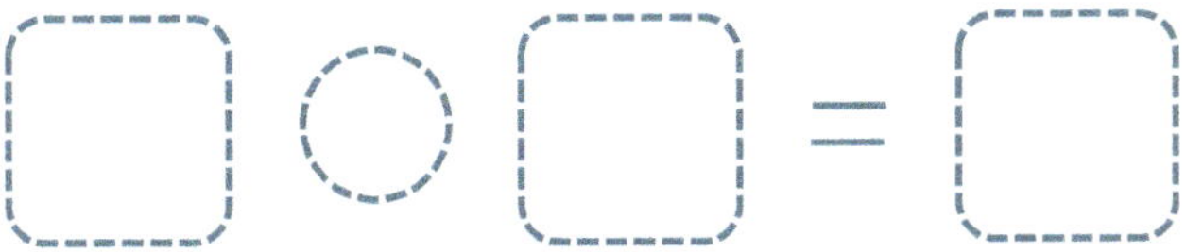

- En el edificio, se crearon 3 jardines verticales en la entrada y 2 en la terraza. ¿Cuántos jardines verticales hay en total?

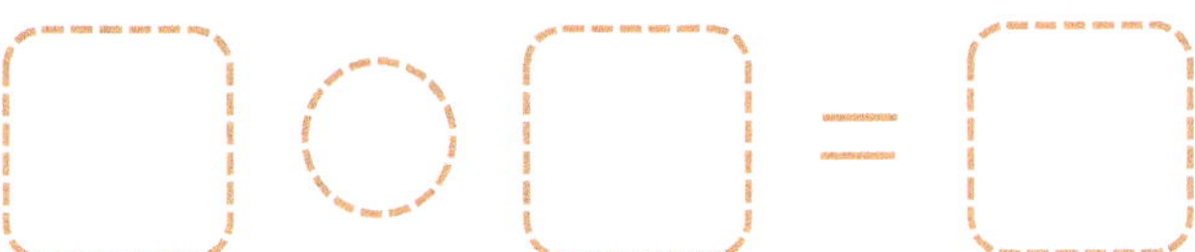

Energía Termosolar

Cuento
Podcast

La energía Termosolar es una forma especial de obtener energía del sol. Se usa el calor del sol para calentar agua y hacer que se convierta en vapor. Ese vapor se utiliza para hacer funcionar máquinas que pueden dar luz o calor a las casas. Es como usar el sol para hacer cosas importantes.

1. Paneles solares térmicos:

- Había 7 paneles solares térmicos en la planta, pero 3 necesitaban mantenimiento. ¿Cuántos paneles solares térmicos están funcionando correctamente?

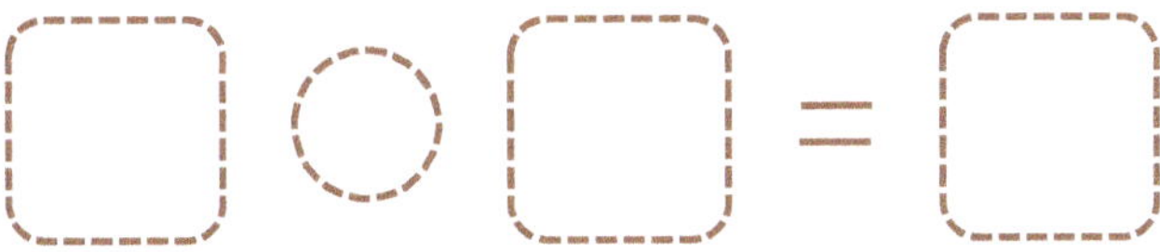

- En la planta de energía Termosolar, se instalaron 4 paneles solares térmicos en la zona norte y 2 en la zona sur. ¿Cuántos paneles solares térmicos hay en total?

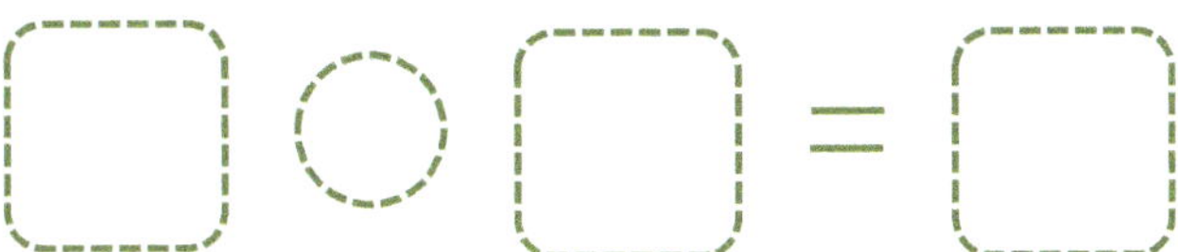

2. Horas de luz solar:

- Durante la mañana, la planta de energía Termosolar recibió 5 horas de luz solar y por la tarde, 3 horas. ¿Cuántas horas de luz solar recibió la planta en total durante el día?

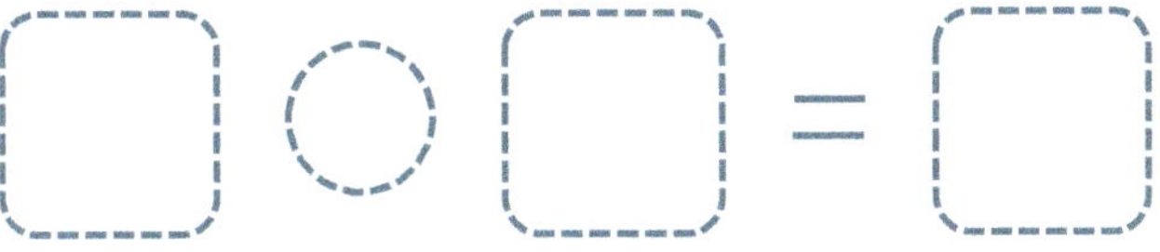

- El sistema registró 8 horas de luz solar el lunes, pero el martes sólo registró 6 horas. ¿Cuántas horas de luz solar se perdieron de un día a otro?

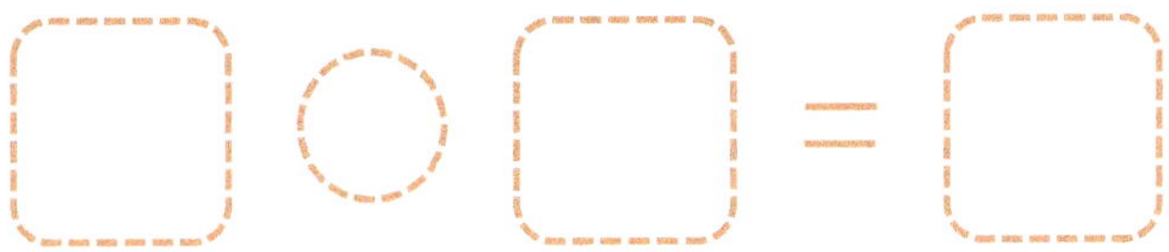

3. Torres de almacenamiento:

- En el complejo Termosolar, hay 3 torres de almacenamiento en la sección este y 2 en la sección oeste. ¿Cuántas torres de almacenamiento hay en total?

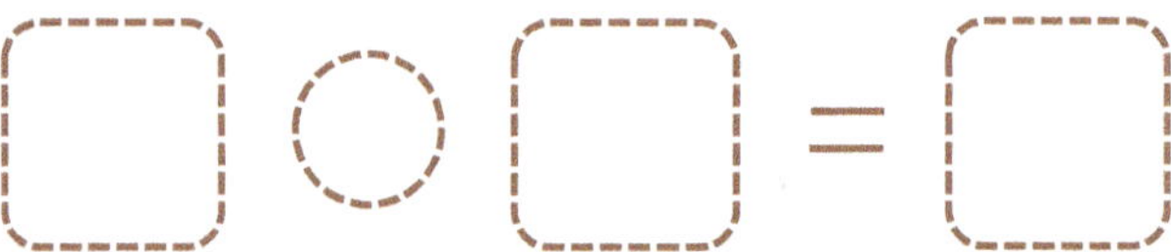

- De las 9 torres de almacenamiento, 4 están llenas y el resto vacías. ¿Cuántas torres están vacías?

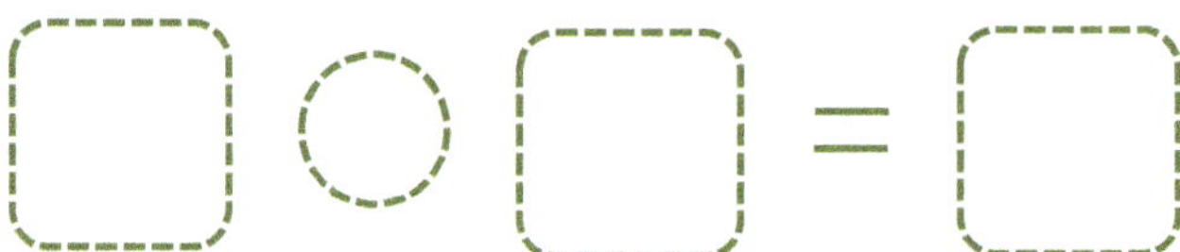

4. Litros de agua calentada:

- El sistema Termosolar calentó 6 litros de agua en la primera hora y 2 litros en la segunda hora. ¿Cuántos litros de agua calentó en total?

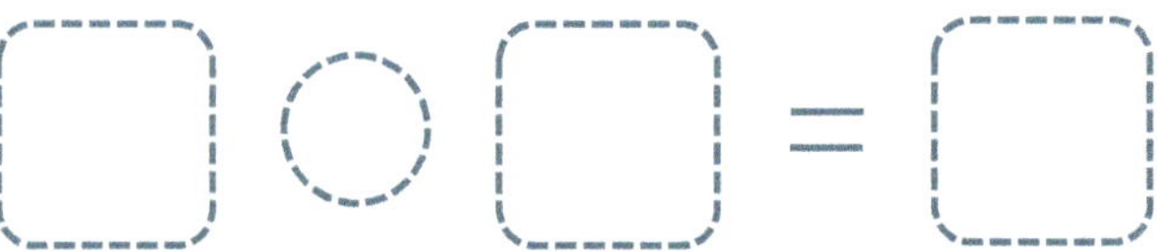

- Se necesitaron 8 litros de agua caliente para una tarea, pero después de usarla, sobraron 3 litros. ¿Cuántos litros de agua caliente se usaron para la tarea?

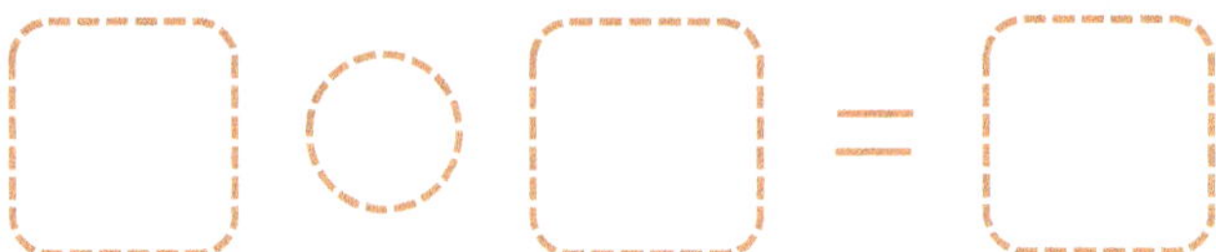

17 Contenedor de Reciclaje

Un contenedor de reciclaje es un lugar especial donde ponemos cosas como papel, cartón, plástico y vidrio en lugar de tirarlas a la basura. Luego, las personas pueden llevar esas cosas a una planta de reciclaje para hacer nuevas cosas con ellas. Es como un lugar mágico donde las cosas viejas se convierten en cosas nuevas.

1. Clasificación de residuos:

- En el colegio, se recolectaron 4 botellas de plástico y 3 latas de aluminio para el contenedor de reciclaje. ¿Cuántos objetos se recolectaron en total?

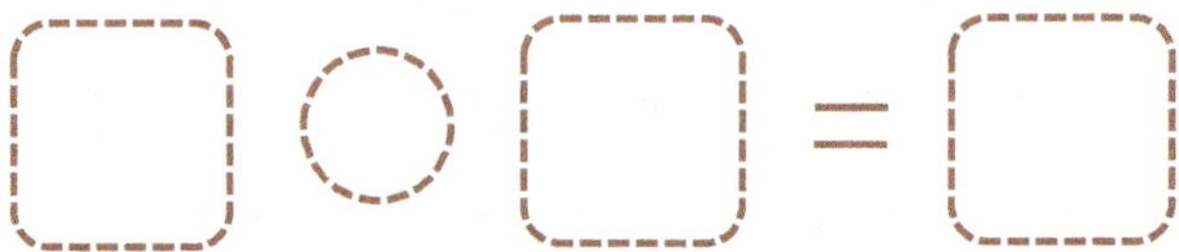

- Había 6 cartones en el contenedor de reciclaje, pero 2 se volaron con el viento. ¿Cuántos cartones quedan en el contenedor?

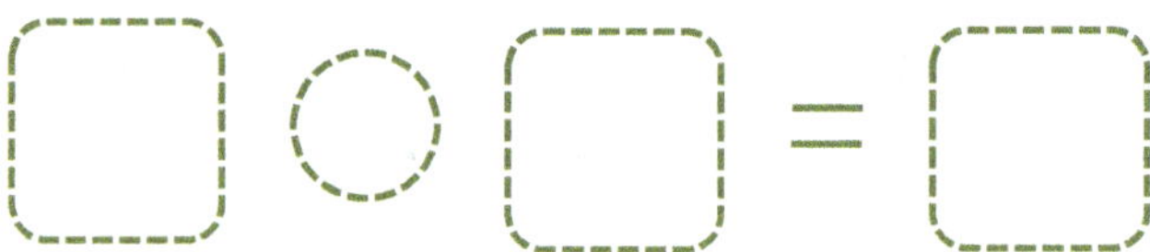

2. Uso de contenedores:

- El lunes, 7 personas usaron el contenedor de orgánicos. El martes, 4 personas lo usaron. ¿Cuántas personas menos usaron el contenedor el martes que el lunes?

- En el parque, hay 3 contenedores para papel y 2 contenedores para vidrio. ¿Cuántos contenedores hay en total en el parque?

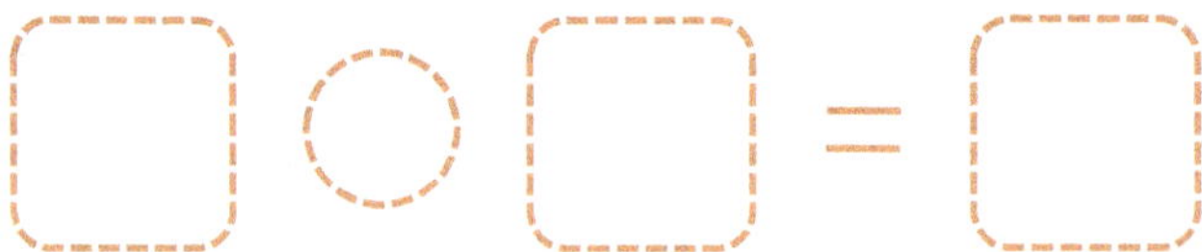

3. Reciclaje en casa:

- La familia de Sara recicló 5 periódicos y 2 revistas esta semana. ¿Cuántos objetos de papel reciclaron en total?

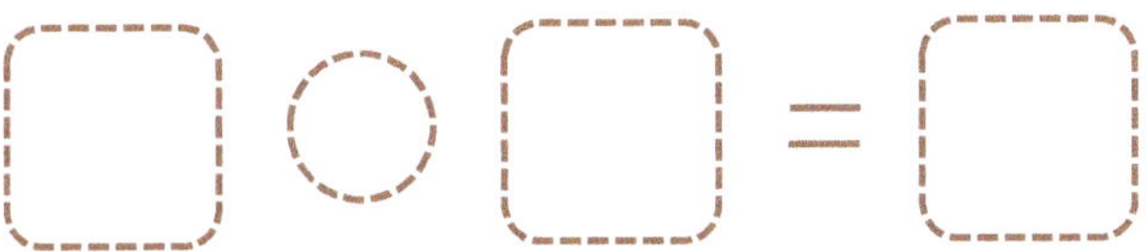

- En la cocina, había 8 cajas para reciclar, pero la mamá de Pablo usó 3 para unas manualidades. ¿Cuántas cajas quedan para reciclar?

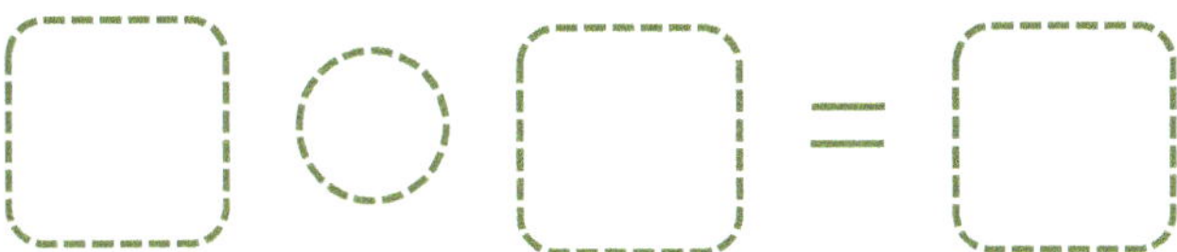

4. Campaña de reciclaje:

- Durante una campaña en el colegio, el primer grado recolectó 4 bolsas de plástico y el segundo grado recolectó 3 bolsas. ¿Cuántas bolsas se recolectaron en total entre los dos grados?

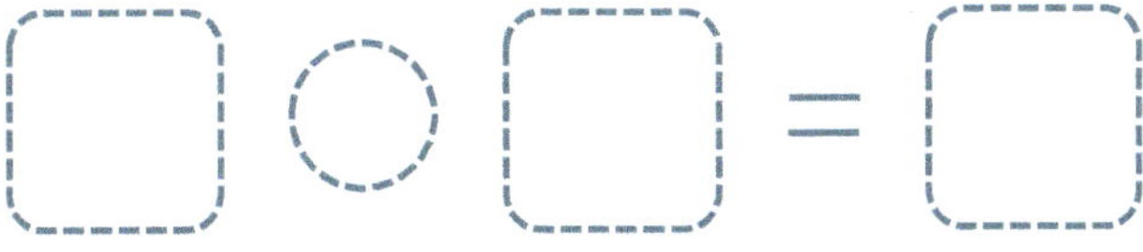

- El colegio tenía el objetivo de recolectar 9 pilas recicladas esta semana, pero hasta ahora sólo han recolectado 6. ¿Cuántas pilas faltan para alcanzar el objetivo?

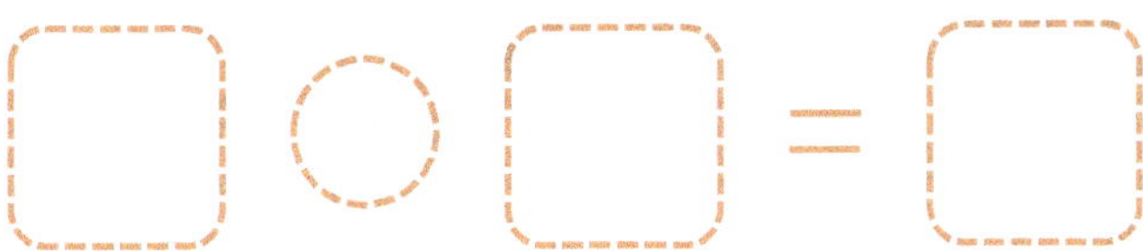

18

Ahorro Energético

El ahorro energético significa usar la energía de manera inteligente para no desperdiciarla. Ahorramos energía cuando apagamos las luces que no necesitamos o cerramos el grifo mientras nos cepillamos los dientes.

1. Bombillas Bajo Consumo:

- La escuela compró 7 bombillas LED, pero 2 se rompieron durante la instalación. ¿Cuántas bombillas LED quedan en buen estado?

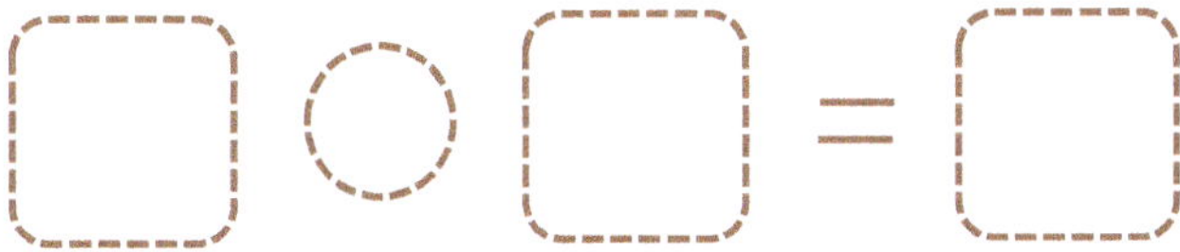

- En casa de Lucía, hay 3 bombillas LED en el salón y 2 en su habitación. ¿Cuántas bombillas LED hay en total en su casa?

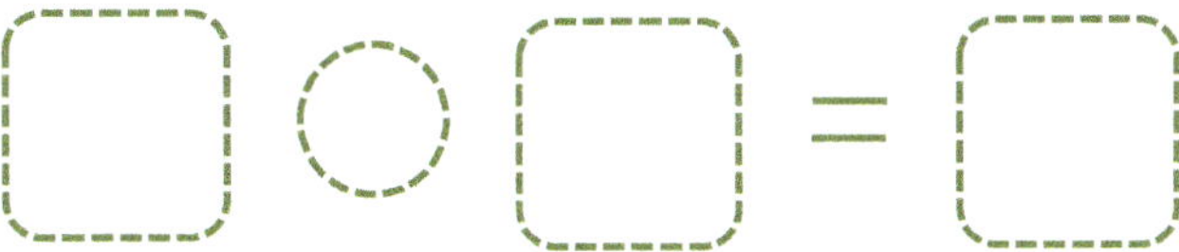

2. Electrodomésticos de bajo consumo:

- La mamá de Juan tiene 4 electrodomésticos de bajo consumo en la cocina y 1 en el salón. ¿Cuántos electrodomésticos de bajo consumo tiene en total?

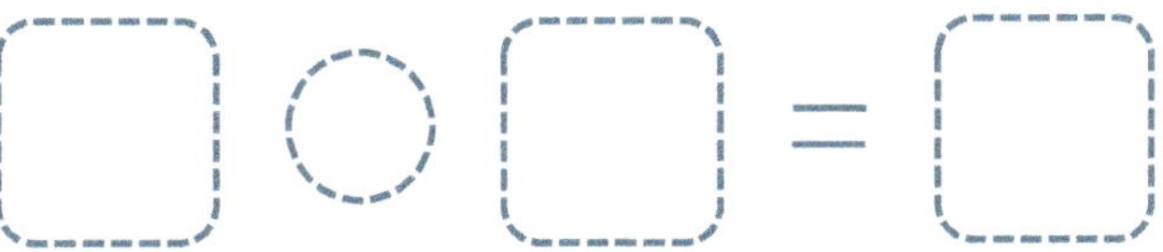

- En el aula, los niños aprendieron sobre 6 maneras de ahorrar energía en casa, pero ya conocían 3. ¿Cuántas maneras de ahorrar saben?

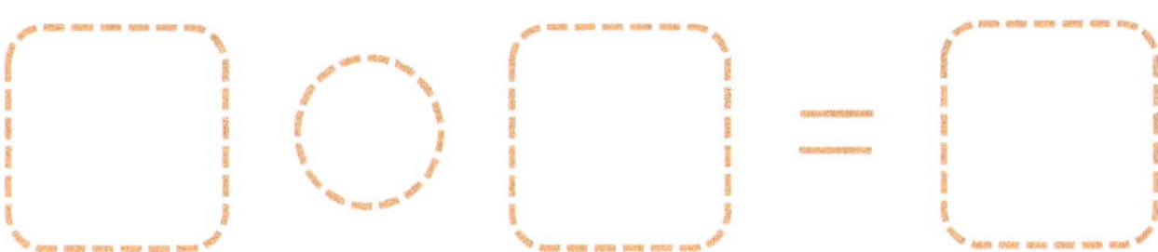

3. Uso de la energía solar:

- En el tejado de la biblioteca, se instalaron 5 paneles solares el año pasado y este año se añadieron 3 más. ¿Cuántos paneles solares hay en total?

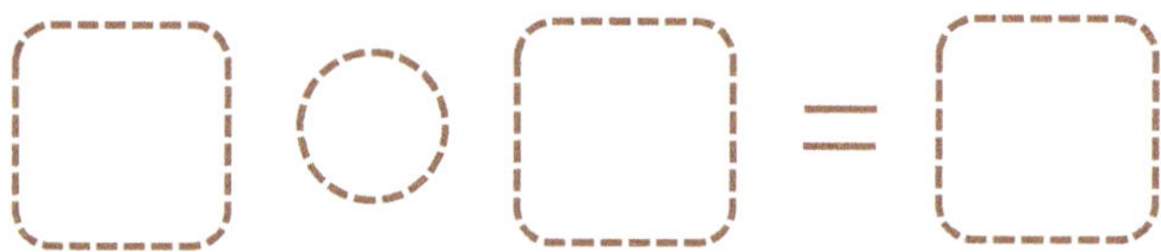

- En el campamento, tenían 8 linternas solares, pero 4 se perdieron durante una excursión nocturna. ¿Cuántas linternas solares quedan?

4. Apagar dispositivos:

- En el salón, hay 6 dispositivos electrónicos. Si 2 de ellos están encendidos, ¿cuántos están apagados para ahorrar energía?

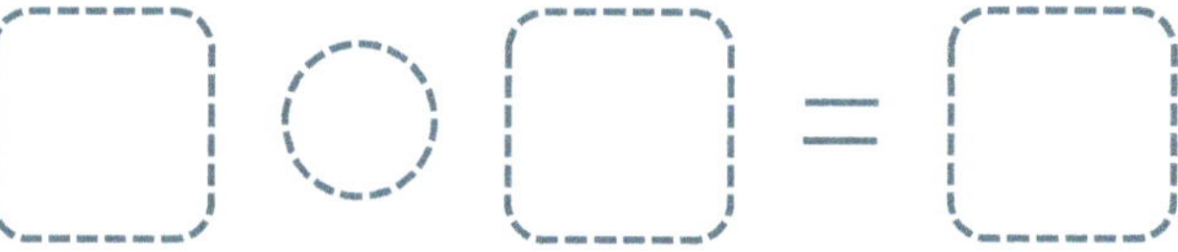

- Durante una charla sobre ahorro energético, los niños aprendieron que deben apagar 7 dispositivos al salir de casa. Si ya apagan 4 habitualmente, ¿cuántos dispositivos más deben empezar a apagar?

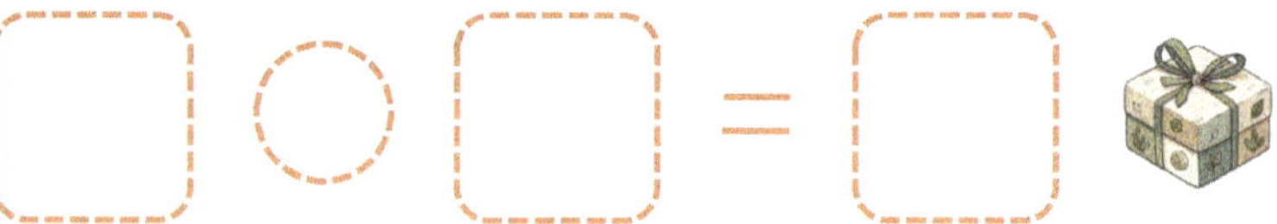

19

MATEMÁTICAS

Estación de Carga

Una estación de carga es un lugar donde los coches que funcionan con electricidad van a recargar su energía. Es como cuando un coche de combustible para en una gasolinera, pero sin contaminar.

1. Coches eléctricos:

- En la estación de carga del centro comercial, hay 4 coches eléctricos cargando y 3 esperando. ¿Cuántos coches eléctricos hay en total?

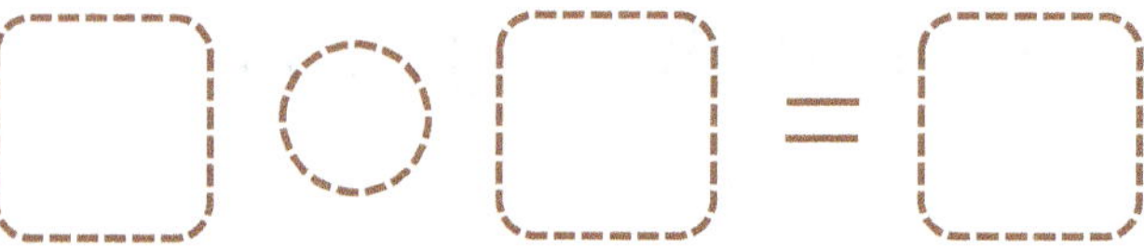

- El lunes, 6 coches eléctricos usaron la estación de carga, pero el martes sólo 2. ¿Cuántos coches eléctricos menos usaron la estación el martes que el lunes?

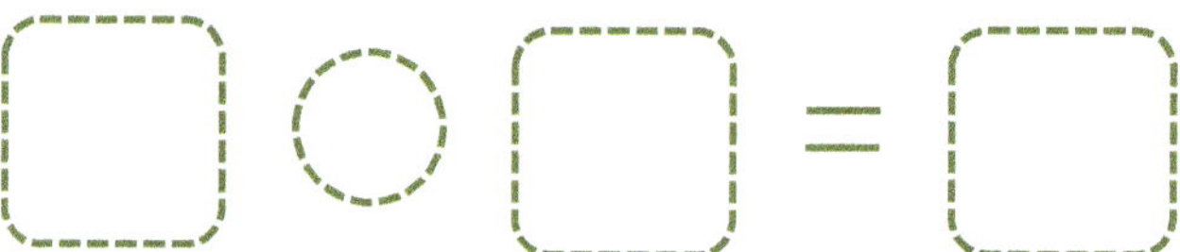

2. Tiempo de carga:

- Un coche eléctrico necesita 3 horas para cargar al 50% y 2 horas más para cargar completamente. ¿Cuántas horas en total necesita para cargar al 100%?

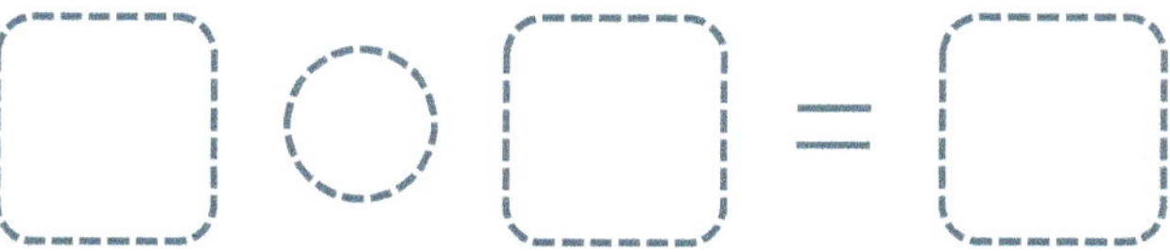

- Laura dejó su coche eléctrico cargando durante 5 horas, pero olvidó desconectarlo 1 hora. ¿Cuántas horas estuvo realmente cargando su coche?

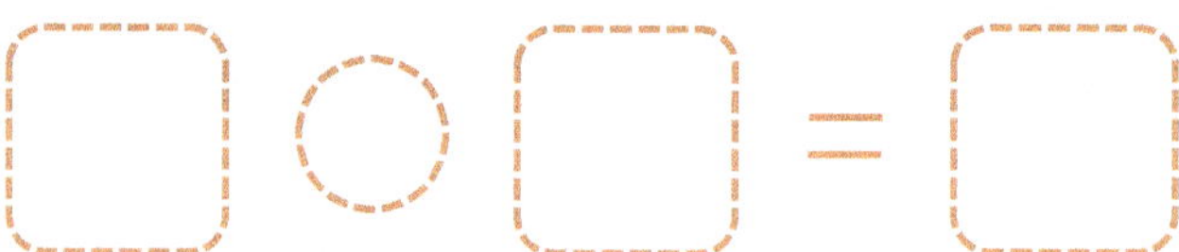

3. Puntos de carga:

- La estación de carga del parque tiene 7 puntos de carga, pero 3 están en mantenimiento. ¿Cuántos puntos de carga están disponibles para usar?

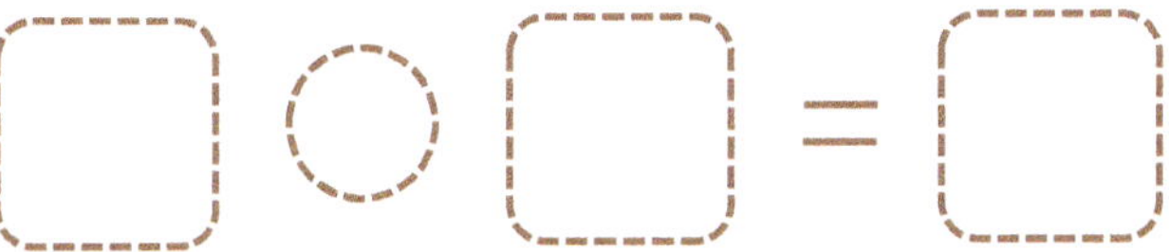

- En la ciudad, hay 5 estaciones de carga en el norte y 3 en el sur. ¿Cuántas estaciones de carga hay en total en la ciudad?

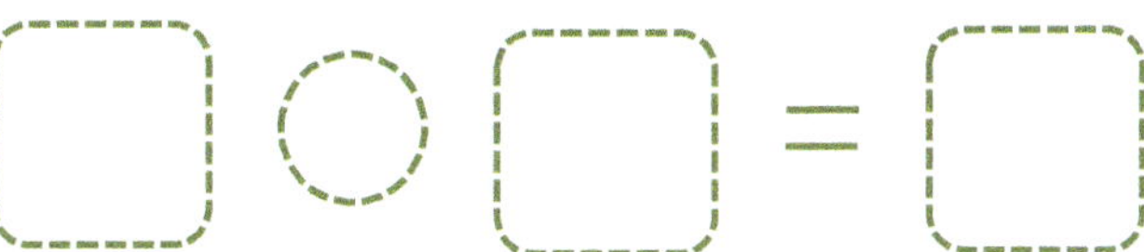

4. Bicicletas eléctricas:

- En la estación de carga cerca del parque, 4 bicicletas eléctricas están cargando y 2 ya han terminado. ¿Cuántas bicicletas eléctricas hay en total en esa estación?

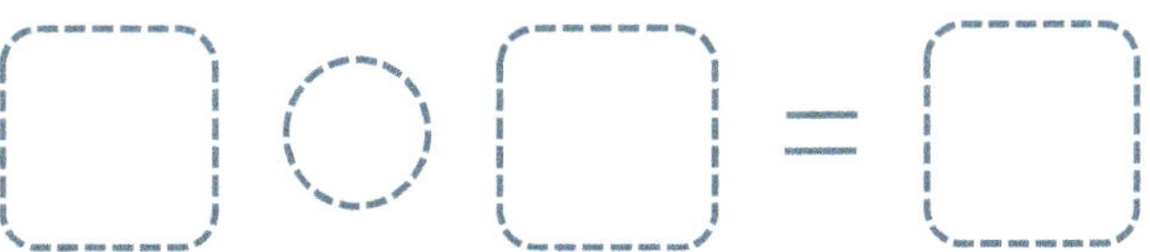

- Durante el fin de semana, 8 personas usaron la estación para cargar sus bicicletas eléctricas, pero el domingo sólo 3. ¿Cuántas personas menos cargaron sus bicicletas el domingo que durante todo el fin de semana?

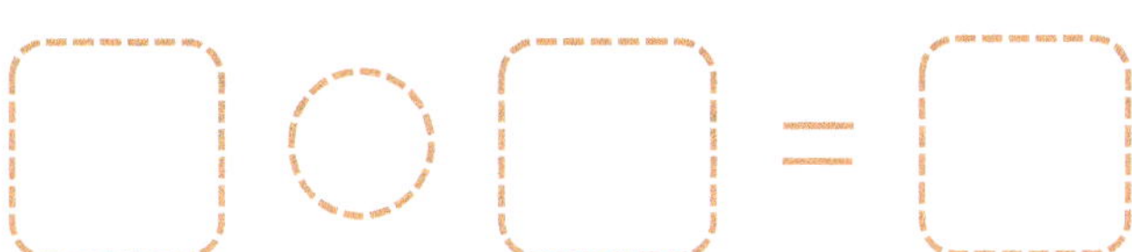

20

Techo Verde

Cuento
Podcast

Un techo verde es como una alfombra de plantas que crece en la parte superior de los edificios y las casas. Es como si el edificio usara un sombrero de jardín para mantenerse agradable y fresco.

MATEMÁTICAS

1. Plantas en el techo:

- En el techo verde de la biblioteca, hay 5 plantas de tomate y 2 de fresas. ¿Cuántas plantas hay en total en el techo verde?

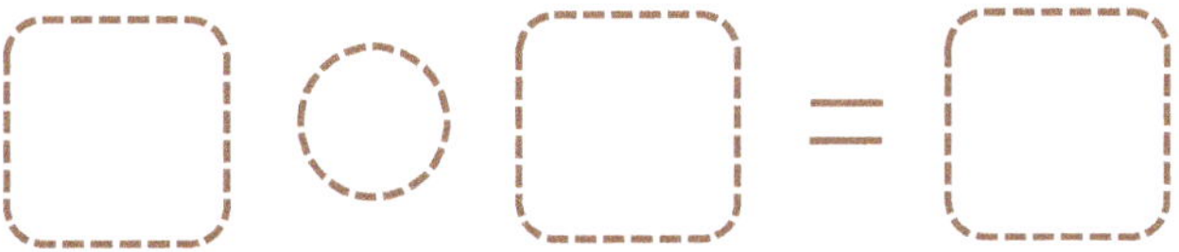

- El jardín del techo del colegio tenía 8 plantas de lavanda, pero 3 no sobrevivieron al invierno. ¿Cuántas plantas de lavanda quedan ahora?

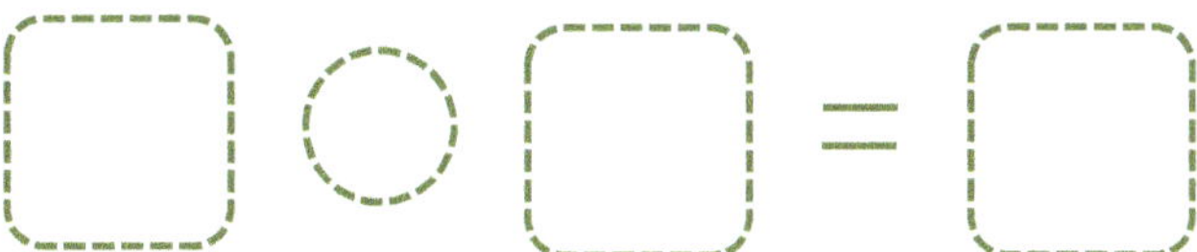

2. Espacio de cultivo:

- La señora García tiene 4 metros cuadrados de techo verde para cultivar flores y 3 metros cuadrados para hierbas. ¿Cuántos metros cuadrados tiene en total para su jardín de techo?

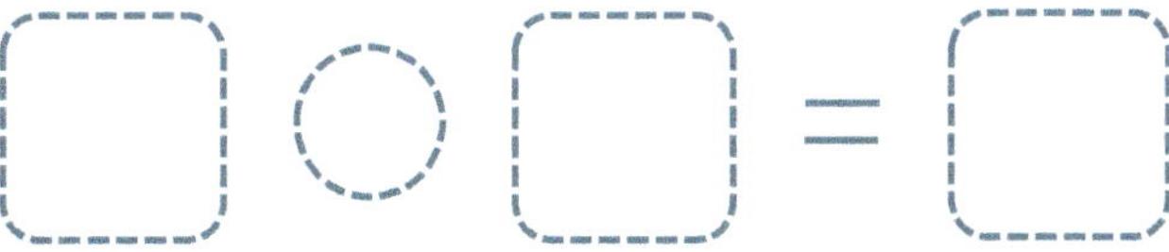

- En el restaurante ecológico, hay 7 metros cuadrados de techo verde. Si utilizan 4 metros cuadrados para verduras, ¿cuántos metros cuadrados usan para flores?

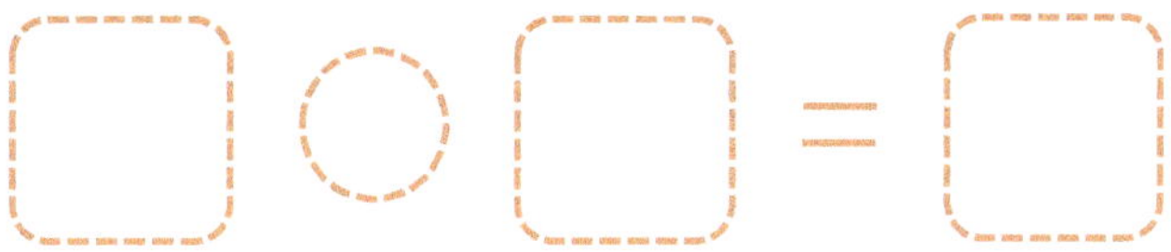

3. Visitantes del techo:

- En un día soleado, 3 mariposas y 2 abejas visitaron el techo verde del edificio de Marta. ¿Cuántos insectos visitaron en total ese día?

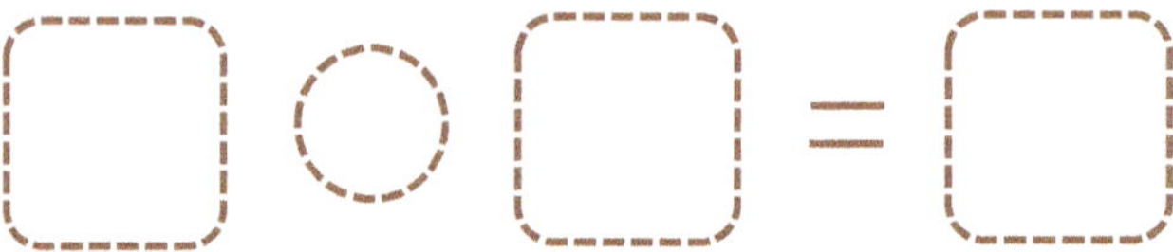

- Durante una excursión, 5 niños y 3 niñas visitaron un edificio con techo verde. ¿Cuántos estudiantes en total exploraron el techo verde?

4. Cuidado del techo verde:

- La señorita Ana riega 4 sectores de su techo verde por la mañana y 3 por la tarde. ¿Cuántos sectores riega en total al día?

- Para mantener su techo verde, Don Pedro compró 6 plantas resistentes al sol y 2 que necesitan sombra. ¿Cuántas plantas compró en total?

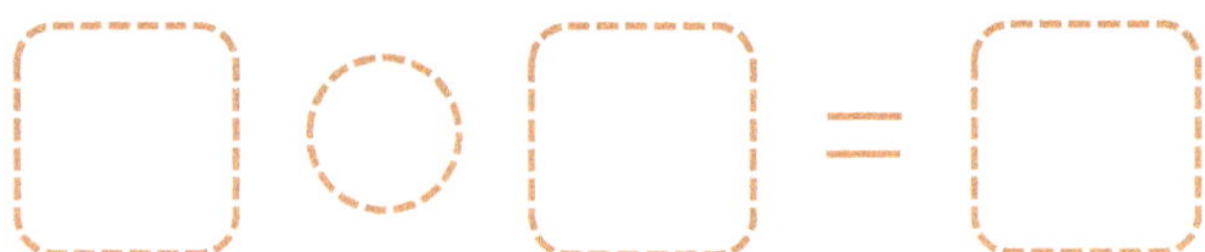

Agricultura Orgánica

La agricultura orgánica es como un jardín en el que los agricultores hacen crecer frutas, verduras y otros alimentos usando solo cosas naturales, sin productos químicos malos. Es como si la naturaleza y el agricultor trabajaran juntos para hacer comida sana.

1. Cultivos orgánicos:

- En la granja de la señora Rosa, hay 5 tomateras orgánicas y 2 plantas de calabacín. ¿Cuántas plantas orgánicas hay en total en su granja?

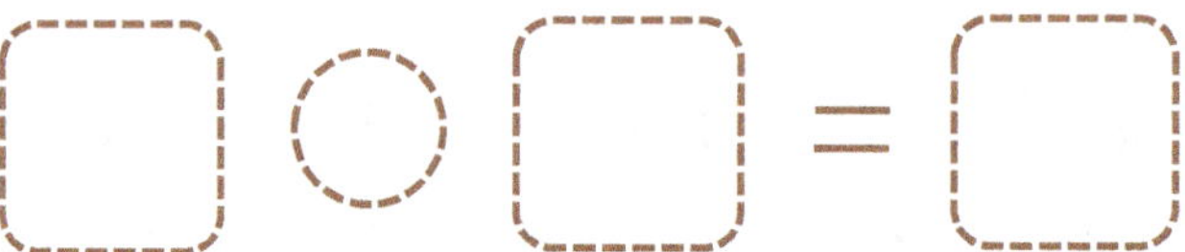

- Don José sembró 7 árboles frutales orgánicos, pero 2 no lograron crecer. ¿Cuántos árboles frutales le quedan?

2. Venta de productos:

- Don Pedro llevó 8 bolsas de papas orgánicas al mercado, pero 3 se dañaron en el transporte. ¿Cuántas bolsas puede vender?

- En el mercado local, la señorita Carmen vendió 3 canastas de fresas orgánicas y 4 de manzanas orgánicas. ¿Cuántas canastas vendió en total?

3. Animales en la granja orgánica:

- En la granja ecológica de Martín, hay 4 gallinas que ponen huevos orgánicos y 3 vacas que dan leche orgánica. ¿Cuántos animales tiene en total?

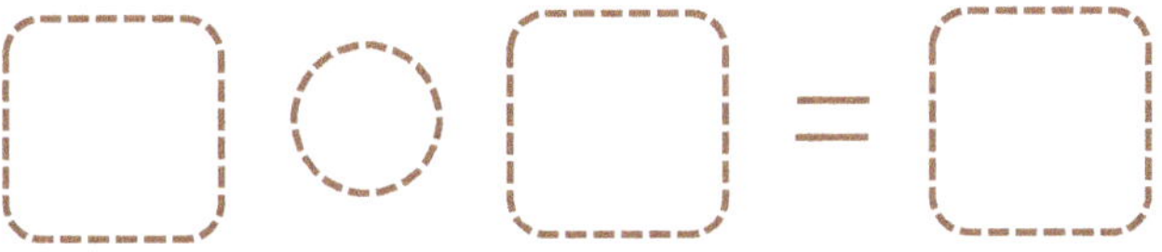

- Durante la visita escolar a la granja, 5 niños dieron de comer a las ovejas y 2 a los caballos. ¿Cuántos niños participaron en total?

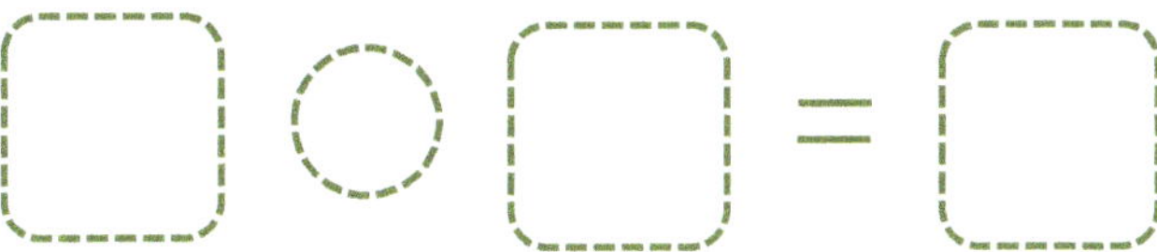

4. Cuidado de los cultivos:

- Don Juan tenía 6 huertos orgánicos de lechugas, pero 2 se vieron afectados por una plaga. ¿Cuántos huertos le quedan en buen estado?

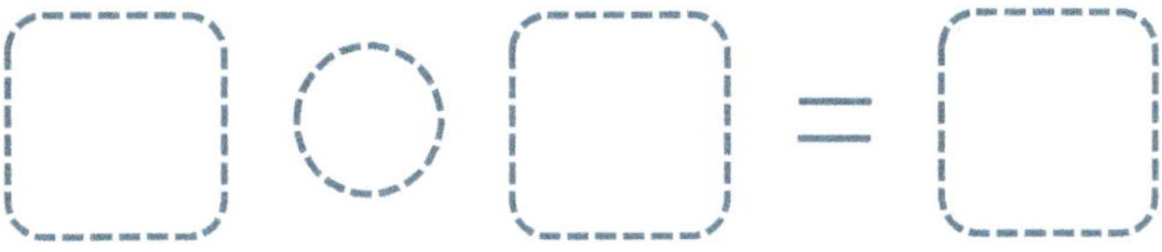

- La abuela Ana tiene 4 parcelas de maíz orgánico y decide sembrar en 3 más. ¿Cuántas parcelas de maíz orgánico tendrá en total?

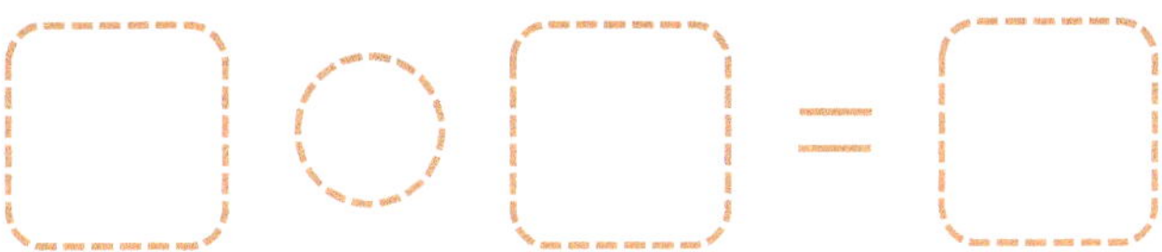

22

Energía Hidroeléctrica

Cuento
Podcast

La energía hidroeléctrica usa el agua de ríos y cascadas para hacer electricidad. El agua empuja mecanismos como una rueda gigante y eso nos da luz en nuestras casas.

1. Turbinas de agua:

- En la planta hidroeléctrica de la montaña, hay 4 turbinas grandes y 3 turbinas pequeñas. ¿Cuántas turbinas hay en total?

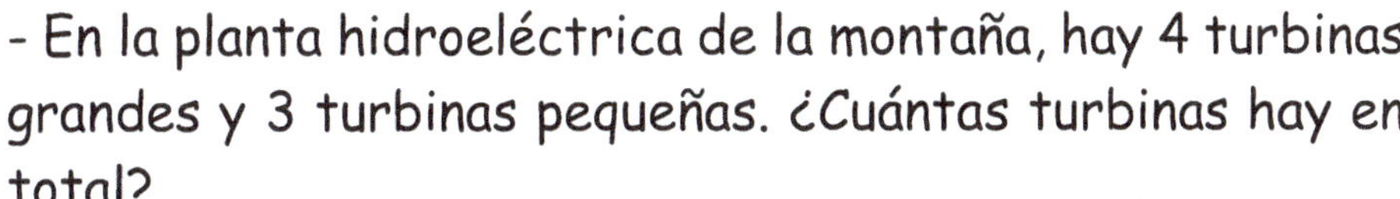

- La planta comenzó con 6 turbinas funcionando, pero 2 necesitan mantenimiento y se pararon. ¿Cuántas turbinas siguen funcionando?

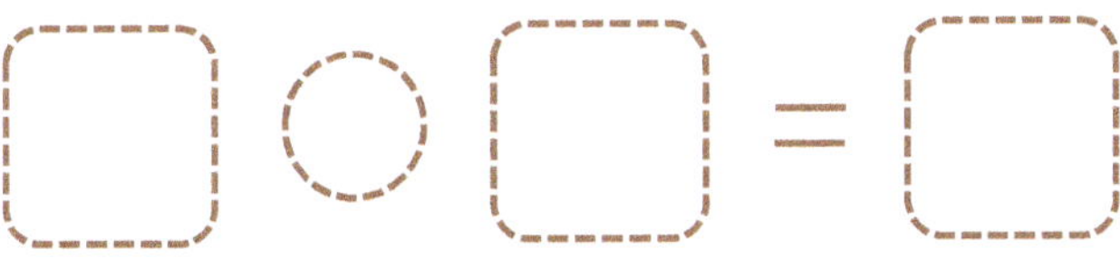

2. Visita a la represa:

- Durante una excursión escolar, 5 niños observaron el lado norte de la represa y 3 niños el lado sur. ¿Cuántos niños en total visitaron la represa?

- Había 7 peces cerca de la entrada de agua de la represa, pero 3 nadaron río abajo. ¿Cuántos peces quedaron cerca de la entrada?

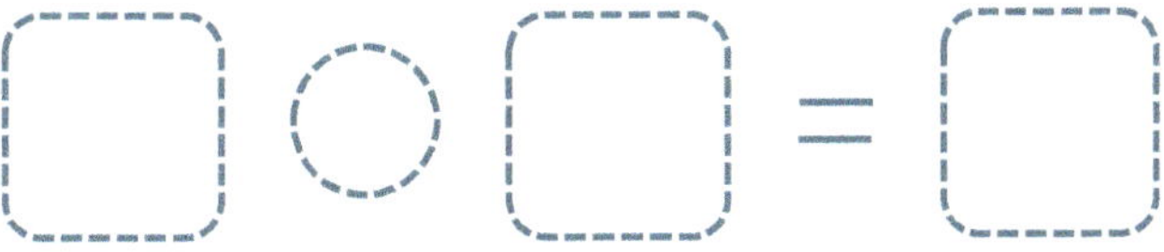

3. Producción de energía:

- En el primer mes, la planta hidroeléctrica generó 4 megavatios de energía y en el segundo mes, 3 megavatios. ¿Cuántos megavatios generó en total?

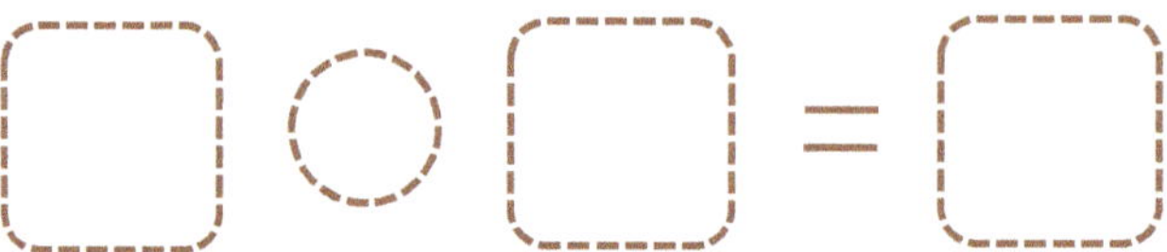

- La planta tenía un objetivo de producir 8 megavatios este mes, pero solo logró 5. ¿Cuántos megavatios le faltaron para alcanzar su objetivo?

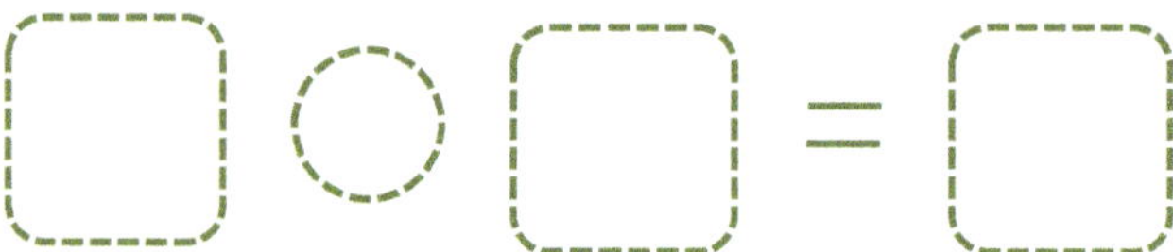

4. Cuidado del medio ambiente:

- En el entorno de la represa, se plantaron 2 árboles de pino y 5 de roble para reforestar. ¿Cuántos árboles se plantaron en total?

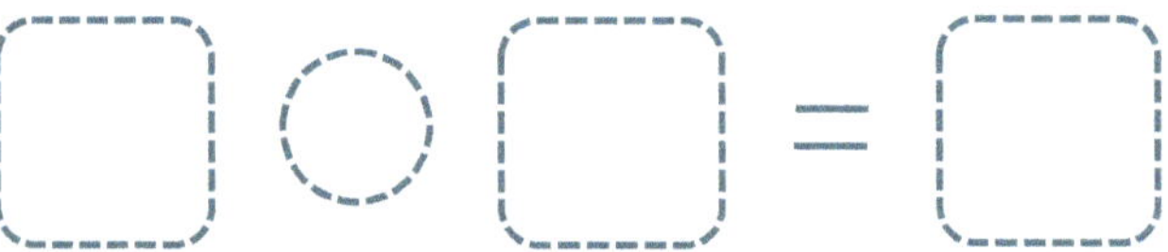

- Había 9 aves diferentes cerca de la represa, pero 4 volaron hacia otro lugar. ¿Cuántas aves quedan ahora cerca de la represa?

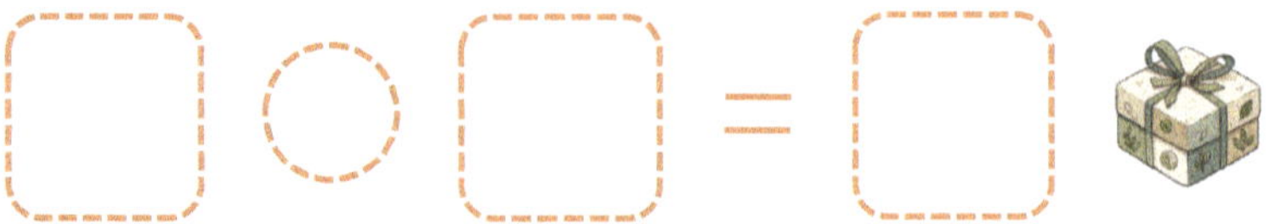

23

Conservación de agua

Cuento
Podcast

La "conservación de agua" significa cuidar y no desperdiciar el agua que usamos, para que siempre tengamos suficiente para beber, bañarnos y regar las plantas. Es como cuando guardas tus juguetes para usarlos otro día.

1. Uso de agua en casa:

- Laura recolectó 5 litros de agua de lluvia en un balde y luego añadió 2 litros más. ¿Cuántos litros de agua tiene en total?

- En su hogar, Pedro y su familia usaron 7 litros de agua para cocinar y beber, pero lograron ahorrar 3 litros al cerrar el grifo mientras lavaban los vegetales. ¿Cuántos litros de agua usaron finalmente?

2. Riego de plantas:

- En el jardín, mamá riega 4 plantas con una regadera y papá riega otras 3 plantas. ¿Cuántas plantas se regaron en total?

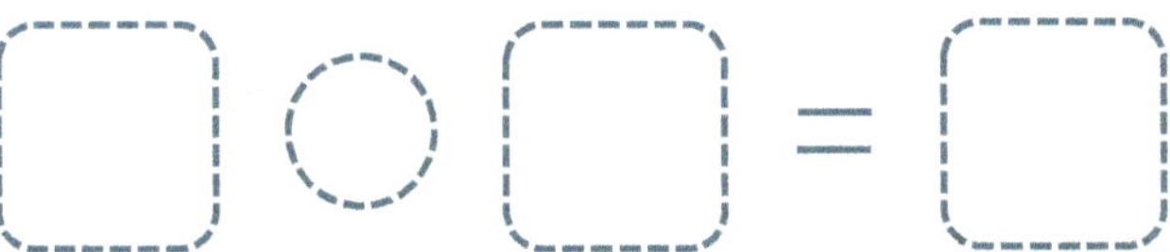

- Había 8 plantas en el jardín, pero 2 de ellas eran cactus y no necesitaban agua. ¿Cuántas plantas necesitaron ser regadas?

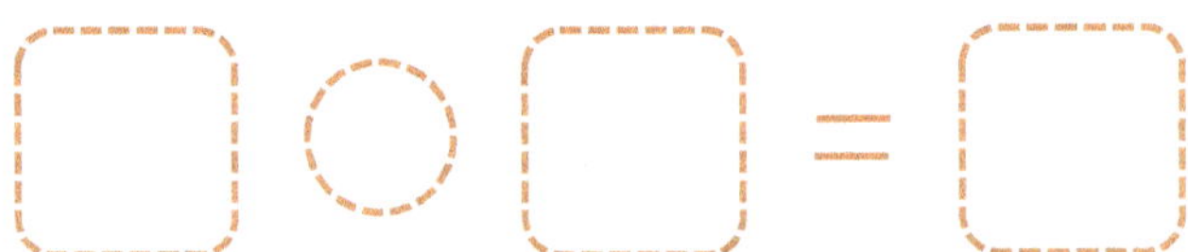

3. Ahorro en el baño:

- María tomó una ducha rápida y usó 5 litros de agua. Su hermano usó 3 litros de agua al lavarse las manos y la cara. ¿Cuántos litros de agua usaron en total?

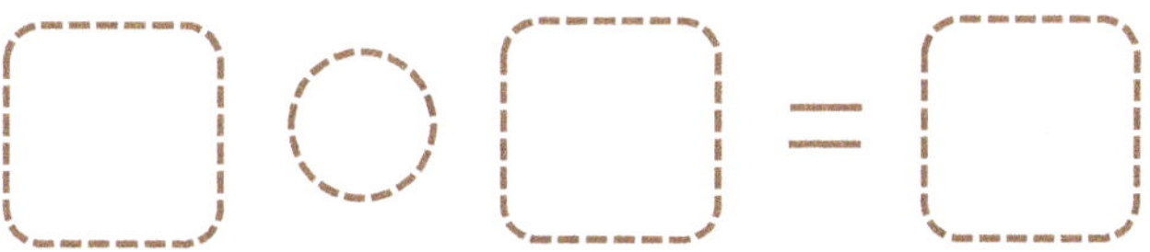

- El grifo del baño estaba goteando y perdió 6 gotas de agua en una hora. Al arreglarlo, se ahorraron 4 gotas. ¿Cuántas gotas dejó de perder después de arreglarlo?

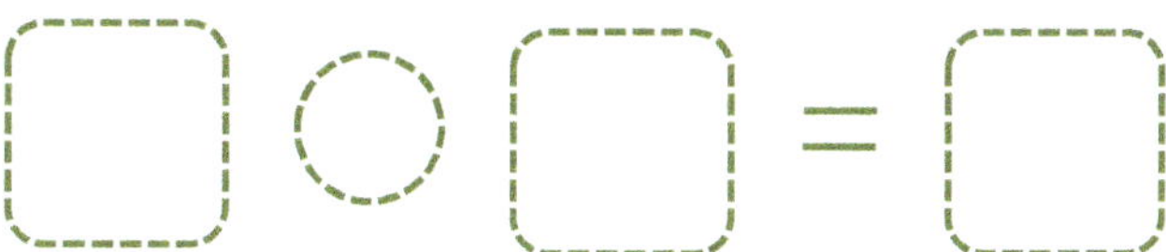

4. Actividades acuáticas:

- En la piscina municipal, 4 niños están jugando en la zona poco profunda y 2 niños en la zona profunda. ¿Cuántos niños hay en total en la piscina?

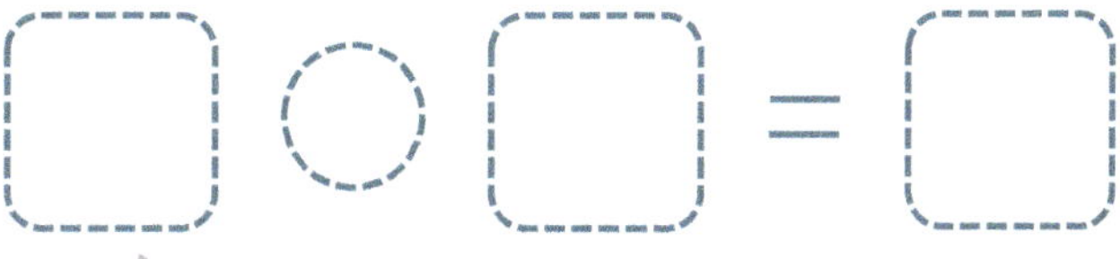

- Había 7 botellas de agua en la nevera para el picnic, pero 3 se quedaron en casa. ¿Cuántas botellas llevaron al picnic?

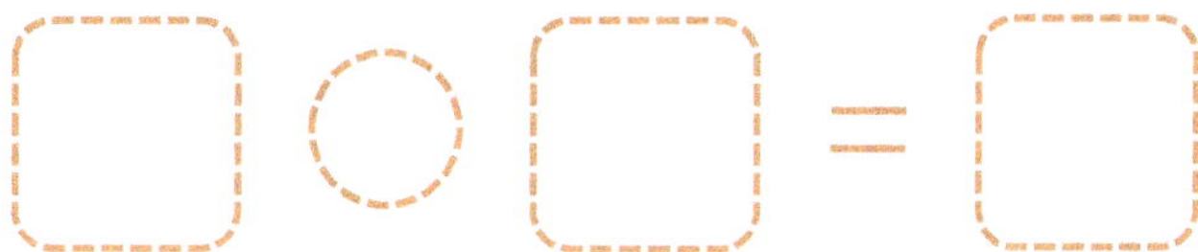

Cuento
Podcast

24

Ropa de fibras naturales

Las ropas de fibras naturales son ropas hechas de cosas que vienen de la naturaleza, como plantas o animales. Por ejemplo, una camiseta de algodón viene de una planta, y un suéter de lana viene de una oveja. Es ropa hecha con ayuda de la naturaleza.

1. Compras ecológicas:

- Sara compró 3 camisetas de algodón y 2 pantalones de lino. ¿Cuántas prendas de ropa de fibras naturales compró en total?

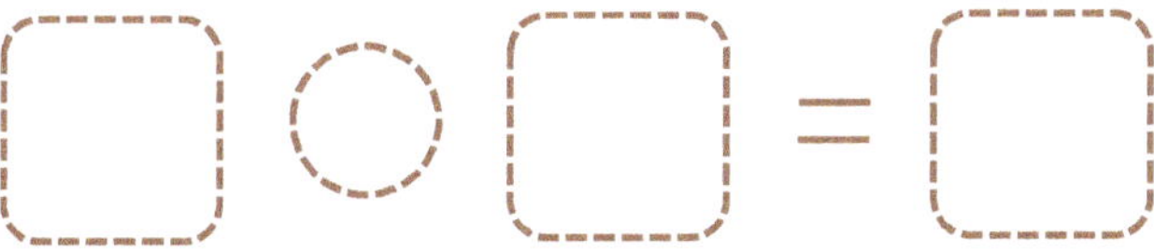

- Pablo tenía 6 prendas de fibras sintéticas y decidió cambiar 4 de ellas por fibras naturales. ¿Cuántas prendas sintéticas le quedan?

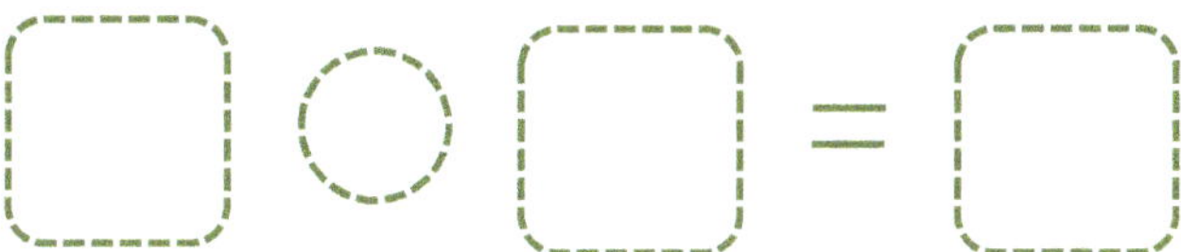

2. Ropa en el armario:

- En el armario de Marta, hay 5 camisas de algodón y 3 vestidos de seda. ¿Cuántas prendas de fibras naturales tiene en total?

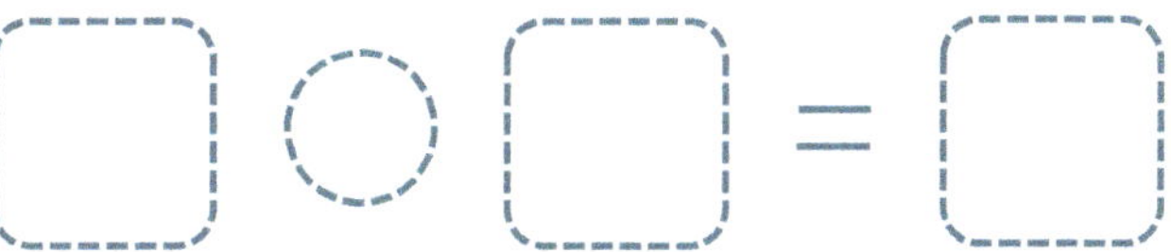

- Jaime tenía 7 camisetas en su cajón, pero 2 eran de poliéster. ¿Cuántas camisetas de fibras naturales tiene?

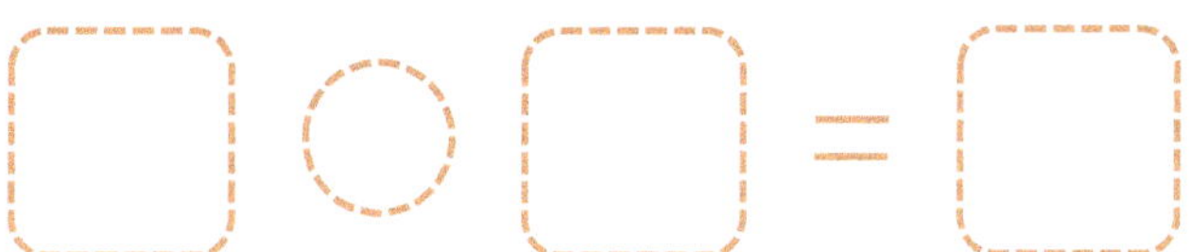

3. Donaciones y reciclaje:

- Ana donó 4 prendas de lana y 3 de algodón a una tienda de segunda mano. ¿Cuántas prendas donó en total?

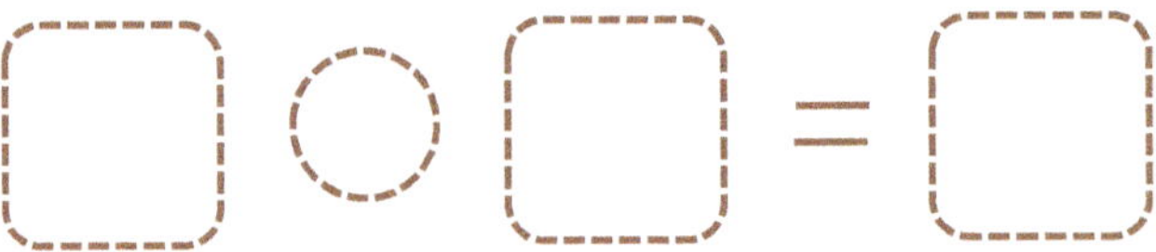

- En una colecta de ropa, se juntaron 8 prendas. Si 5 eran de fibras naturales, ¿cuántas prendas no eran de fibras naturales?

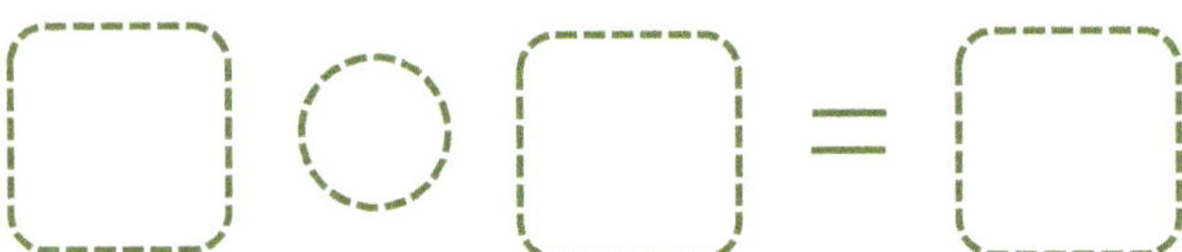

4. Taller de costura:

- En un taller, se cosieron 4 bufandas de lana y 2 gorros de algodón. ¿Cuántos artículos de fibras naturales se hicieron?

- Carla tenía 6 retazos de tela para hacer muñecos, pero 3 eran de nailon. ¿Cuántos retazos de fibras naturales utilizó?

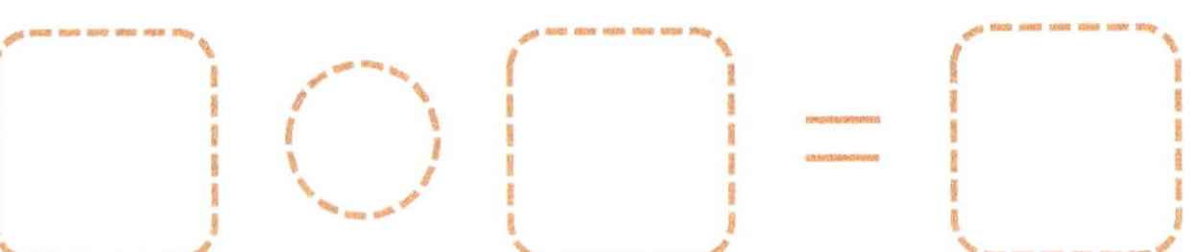

www.ingramcontent.com/pod-product-compliance
Lightning Source LLC
Chambersburg PA
CBHW060204120726
48004CB00007B/1682